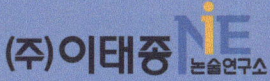

초등학생을 위한 논쟁 수업과 논서술 대비용

이슈 토론

융복합 사고의 결정판
(3~5학년 권장)

12가지 주제

- 독서 통해 진로 설계하기
- 우왕좌왕 지진 대비법
- 성공하는 역할 모델 정하기
- 토박이말에 담긴 조상들의 이야기
- 찌르고 때리고… 공연 동물의 눈물
- 지구촌 가난 구하는 적정 기술
- 투표율과 민주주의는 정비례
- 빙하가 다 녹으면 어떻게 될까
- 조선왕릉 비싸게 파는 방법
- 사라지는 '착한 사마리아인'
- 달콤한 설탕의 유혹 이기기
- 알고 보면 간단한 지구촌 분쟁 해결법

초등 중급 **1**호

행복한 논술 편집부 엮음

차례

토론의 이론과 실제 ················ 04

01 독서 통해 진로 설계하기 ················ 09
    이슈 어릴 적에 꿈 정할수록 성공 쉬워
    토론 책은 진로 탐색의 중요한 도구

02 우왕좌왕 지진 대비법 ················ 18
    이슈 지진은 왜 발생할까
    토론 지진 대비 이렇게…

03 성공하는 역할 모델 정하기 ················ 27
    이슈 역할 모델 있어야 꿈 이루기 쉽다
    토론 역할 모델을 정하는 법

04 토박이말에 담긴 조상들의 이야기 ················ 36
    이슈 토박이말이 사라진다
    토론 토박이말 살리는 언어 생활 필요

05 찌르고 때리고… 공연 동물의 눈물 ················ 45
    이슈 동물 공연 바람직한가
    토론 동물이 행복해야 사람도 행복하다

06 지구촌 가난 구하는 적정 기술 ················ 54
    이슈 가난한 나라 살리는 적정 기술
    토론 기업이 적정 기술 투자 나서야

07 투표율과 민주주의는 정비례 ·············· 63
    이슈 선거가 뭐예요
    토론 투표하지 않으면 권리 포기하는 것

08 빙하가 다 녹으면 어떻게 될까 ·············· 72
    이슈 빙하 녹는 속도가 빨라지고 있다
    토론 온실가스 배출을 줄이는 방법

09 조선왕릉 비싸게 파는 방법 ·············· 81
    이슈 세계문화유산 조선왕릉의 가치를 알자
    토론 조선왕릉 세계인에게 보여 주자

10 사라지는 '착한 사마리아인' ·············· 90
    이슈 남의 위험 모른 척하는 사람 많다
    토론 내 이익과 이웃의 이익 다르지 않아

11 달콤한 설탕의 유혹 이기기 ·············· 99
    이슈 달콤함 즐기다 병 얻는다
    토론 단 음식 줄이면 건강해진다

12 알고 보면 간단한 지구촌 분쟁 해결법 ·············· 108
    이슈 지구촌 곳곳 분쟁으로 신음
    토론 국제 분쟁 어떻게 해결할까

답안과 풀이 ·············· 117

토론의 이론과 실제

4차 산업혁명의 특징은 여러 분야의 기술을 융합하는 것이다. 따라서 4차 산업혁명에 대비하려면 소통 능력과 협동심이 중요하다. 소통 능력과 협동심을 기르려면 어렸을 적부터 토론 교육이 필요하다.

토론은 절차를 갖춘 공식적인 쌍방 소통이다. 토론 과정에서 절차를 지키지 않으면 문제는 해결되지 않고 말싸움으로 끝나게 된다.

토론은 논쟁과 토의로 나뉜다. 논쟁은 입장이 다른 편을 서로 설득하는 토론인데, 찬반 토론으로 대표된다. 주로 사용하는 방식은 두마음토론과 세다(CEDA)토론을 들 수 있다. 토의는 같은 편끼리 바람직한 결과를 얻기 위해 하는 토론이다. 피라미드토론과 원탁토론이 주로 사용된다.

두마음토론의 절차와 진행 방식

두마음토론은 남을 설득하거나 두 가지 의견을 공정하게 판결하는 토론이다. 서로 다른 입장의 대결이라는 점에서 붙인 이름이다.

3명이 한 모둠을 이루는데, 모둠을 이룬 3명 가운데 2명은 토론 주제인 논제를 놓고 찬성과 반대 입장을 맡아 토론에 참여하고, 나머지 1명은 판결한다. 인원이 남을 경우 1명은 판결자의 보조 역할을 하고, 1명은 토론 내용을 기록하면 좋다. 참여 인원이 많으면 여러 모둠으로 나눠 하면 된다.

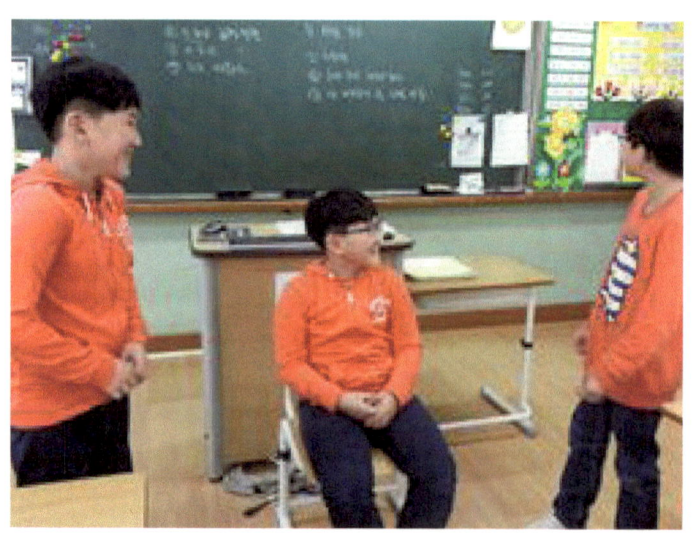
▲두마음토론을 하는 초등학생들.

자리를 배치할 때 판결자는 중간에 앉고, 오른쪽에는 찬성 입장, 왼쪽에는 반대 입장 토론자를 마주앉게 한다.

찬반 토론자는 서로 의견을 주고받지 못하며, 판결자에게만 자신의 주장과 그 근거를 말할 수 있다. 판결자가 몸을 비스듬히 돌려 자신을 바라볼 때만 발언할 수 있다. 토론 참가자는 판결자에게 질문할 수 없으므로, 참가자 모두 의견을 집중해서 들어야 한다.

찬반 양쪽에는 모두 세 차례의 발언 기회가 주어지는데, 1회 발언 시간은 30초다. 여러 모둠이 같은 교실에서 토론할 경우 중간에 작전 시간을 가질 수 있다. 작전 시간에는 같은 편끼리 모여 의견을 정리한다. 발언 시간이 모두 끝나면 판결자는 승자의 손을 들어준다. 찬반 역할을 바꿔 여러 번 토론할 수도 있다.

마지막으로 토론 참석자들은 판결자의 판결 이유를 듣는다. 여러 모둠에서 진행한 토론 내용도 함께 나눌 수 있다.

세다토론의 절차와 진행 방식

찬반 토론의 한 방법인 세다토론은 토론 대회에서 자주 사용되는데, 자료 조사와 질문을 통해 자신의 주장을 증명하는 방식이다. 따라서 자료를 충분히 준비해 질문해야 한다.

찬반 양쪽은 두세 명씩 한 팀을 이뤄 협력한다. 상대 팀에게 몇 가지 질문을 통해 상대 주장의 잘못을 찾는 방식이므로 '교차조사토론'으로도 불린다.

토론 주제에 대한 찬반 입장은 즉석에서 결정한다. 일반적으로는 3회전으로 치러지는데, 입론(3분)→교차 조사(2분)→반론(2분)의 순서로 진행한다.

토론자들에게는 3회전까지 각자 세 차례의 발언 기회가 주어진다. 양쪽은 순서와 관계없이 3회전이 진행되는 동안 각각 3분의 작전 시간을 가질 수 있다. 작전 시간은 상대에 대응하기 위해 같은 편이 발언할 때 나눠서 신청한다. 토론자가 한 팀에 두 명일 경우 소요 시간은 34분 정도다. 토론자 4명의 발언 시간은 28분이지만, 각 팀은 3분의 작전 시간을 쓸 수 있기 때문이다.

▲세다토론을 하는 초등학생들.

1회전	2회전	3회전
찬성 1 - 입론	찬성 2 - 입론	반대 1 - 반론
반대 2 - 교차 조사	반대 1 - 교차 조사	찬성 1 - 반론
반대 1 - 입론	반대 2 - 입론	반대 2 - 반론
찬성 1 - 교차 조사	찬성 2 - 교차 조사	찬성 2 - 반론

입론 단계에서는 주장을 분명히 말하고 개념을 명확하게 정리해야 한다. '왜냐하면'이라는 말을 사용해 이유와 근거도 세 가지쯤 대고, '예컨대'라는 말을 사용해 사례도 밝힌다. 발언을 마칠 때는 "지금까지 저희는 ~을 증명했습니다."라고 말하며 마무리한다.

교차 조사를 할 때는 상대의 입론 내용에 관해 질문하는데, 2분 안에 4~5가지를 질문해 상대 주장의 허점을 공격해야 한다. 상대에게 하나씩 질문한 뒤 '예, 아니오'로 대답을 들어야 상대 주장의 허점이 드러난다. 따라서 토론의 승패가 질문 능력에 달려 있다고 보면 된다.

반론은 같은 팀 입론 내용과 관련이 있는 주장을 펴야 한다. 상대의 답변 내용을 파고들어 공격하기도 한다. 이때 새로운 주장을 펼치면 안 되고, 상대의 주장에 관해서만 반론할 수 있다.

피라미드토론의 절차와 진행 방식

피라미드토론 진행 방식			
8명	+	8명	= 8대 8 토론
4명	+	4명	= 4대 4 토론
2명	+	2명	= 2대 2 토론
1명	+	1명	= 1대 1 토론

피라미드토론은 주어진 토론 주제에 관해 전체 토론자들의 의견을 단계적으로 줄여 마지막에는 하나의 의견을 얻는 방식이다. 설득과 합의를 배우는 경우에 알맞다. 1대 1로 토론해 합의한 뒤 2대 2로 확장해 4명이 토론을 거쳐 합의한다. 또는 4대 4나 8대 8과 같은 식으로 참여 인원을 늘려 전체 인원이 절반이 될 때까지 합의한다.

예를 들면 '행복을 위한 조건'을 놓고 토론자마다 세 가지씩 의견을 적는다. 1대 1 토론은 3분 동안 6개의 의견을 갖고, 3개의 의견으로 합의하는 방식이다. 2대 2, 4대 4 토론을 거쳐 최종 두 팀의 토론에서 얻은 3가지가 대표 의견이 된다. 토론 승리는 합의한 3가지 의견 가운데 2가지 이상을 낸 팀에게 돌아간다.

각 단계에서 합의하지 못하면 다음 단계로 넘어갈 수 없다. 따라서 우선 순위와 설득과 합의를 효과적으로 배울 수 있다.

피리미드토론은 인원이 많을 때 알맞으므로, 학교나 동아리 모임에서 주로 활용한다. 예를 들어 학교 수업 시간 40분 가운데 25분을 수업한 뒤 15분을 피라미드토론으로 진행하는 것이다. 학급 인원 32명을 8명(24명인 경우 6명씩)씩 네 모둠으로 나눈다. 모둠별로 피라미드토론을 통해 합의한 뒤, 모둠 대표 4명이 합의한 내용을 발표한다.

인원이 4명만 되어도 토론이 가능하다. 참가자들은 두 단계만 토론하지만 설득과 합의를 배울 수 있다.

▲학생들이 4대 4로 피라미드토론을 하고 있다.

원탁토론의 절차와 진행 방식

원탁토론은 토론자의 의견이 다름을 인정하는 토의형 토론이다. 따라서 토론자들의 다양한 의견을 듣고 자신의 생각을 더 넓고 깊게 다듬는 데 효과적인 방법이다. 설득과 합의, 평등과 공정성을 체험하기에 좋다.

원탁토론의 자리 배치는 원형이 바람직하지만, 서로 얼굴을 모두 볼 수 있는 '디귿(ㄷ)자'나 '브이(V)자' 형태도 괜찮다. 토의(1차 발언 2분)→논쟁(차수 발언 2분)→토의(마무리 발언 1분) 순서로 진행한다. 사회자는 시간을 재며 다음 차수를 알려 준다.

1차 발언에서는 토론자가 자신의 주장과 근거를 말한다. 모든 토론자는 순서에 상관없이 한 번씩 발언할 수 있다. 발언자가 없을 경우 이전 발언자가 다음 발언자를 지명한다.

차수 발언은 다른 토론자의 주장과 근거의 문제점을 지적하고 질문과 답변을 하는 방식이다. 2~4차 등으로 발언이 이어진다. 토론자들은 돌아가면서 반론과 질문을 한 뒤 답변은 다음 차수에 생각을 정리해 하는 것이 좋다.

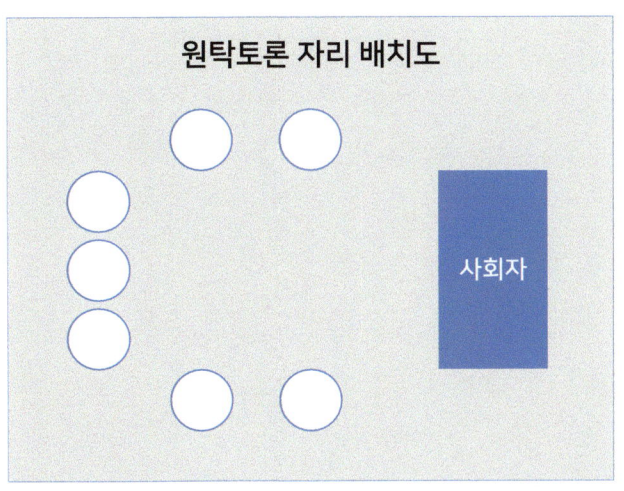

▲원탁토론 대회에 참가한 초등학생들.

토론자들은 한 차수에 한 번만 발언한다. 차수를 바꾸면 모든 토론자들에게 다시 발언 기회가 주어진다. 마무리 발언에서는 모든 토론자가 그동안의 토론 내용을 종합하고 심화한다. 토론자는 자신의 생각이 토론 과정에서 달라졌을 경우 솔직하게 말해도 된다.

01 독서 통해 진로 설계하기

▲ 경기도 군포초등학교 학생들이 그림과 글로 자신의 장래 희망을 표현하고 있다.

우리나라에는 꿈이 없는 초등학생들이 너무나 많습니다. 선진국 학생들처럼 어렸을 적부터 장래 희망을 구체적으로 정하고 노력하면 성공하기 쉽다고 합니다. 책을 읽고 간접 경험을 하면 자신에게 맞는 직업은 물론 그 직업을 갖기 위해 필요한 것도 알 수 있습니다. 독서를 통해 진로를 정하고, 진로 계획을 세우는 방법을 탐구합니다.

이런 걸 공부해요

이슈 어릴 적에 꿈 정할수록 성공 쉬워
- ◆ 꿈이 없는 초등학생이 너무 많다
- ◆ 직업 정할 때 적성부터 파악해야

토론 책은 진로 탐색의 중요한 도구
- ◆ 독서로 직업관 세우고 적성 파악도 가능
- ◆ 역할 모델 정하고 직업 전문성 키울 수도

> 이슈

어릴 적에 꿈 정할수록 성공 쉬워

꿈이 없는 초등학생이 너무 많다

▲ 독일 학생들은 어렸을 적부터 직업 교육을 통해 진로를 미리 결정한다.

"돈 많은 주부, 외국어고등학교 입학, 명문대 입학…."

몇 년 전 한 잡지사에서 서울 지역 초등학생 700여 명에게 장래 희망을 물었는데 돌아온 대답이다. 대학에 들어가는 이유는 미래의 꿈을 이루기 위해서인데, 대학 진학이 최종 꿈이 된 것이다.

조사 시점보다 시간이 지나긴 했지만 지금도 상황이 나아진 게 없다. 더 큰 문제는 학생들 대다수가 아예 꿈이 없다는 점이다. 무한 경쟁으로 내모는 학교 교육이 꿈을 키워 주는 데 실패했기 때문이다. 더구나 학부모도 공부만 잘하면 된다며 자녀들을 학원으로 내몰 뿐, 정작 중요한 진로 문제를 놓고 함께 고민해 주지 않는다.

독일은 초등학교 4학년(11세) 때 인문계 고등학교에 들어가 대학교에 갈지, 실업계 고등학교에 입학할지 결정한다. 잠재력을 죽일 수도 있지만, 어릴 적부터 삶의 목표가 뚜렷해야 낭비가 없다고 생각하기 때문이다. 미래 희망이 분명한 학생과 그렇지 못한 학생은 동기가 달라 학업이나 생활에서도 차이가 날 수밖에 없다.

전문가들은 독서를 통해 직업을 찾는 것도 유익한 방법이라고 권한다. 학교에서 직업 교육이 따로 없는데다, 독서 감상문 과제물이 많은 특성상 책을 읽으면서 전문 지식도 쌓고 직업을 간접 체험할 수 있기 때문이다.

문화일보 기사 등 참조

이슈

직업 정할 때 적성부터 파악해야

직업이란 생활에 필요한 돈도 벌고 하고 싶은 것도 마음껏 하며, 삶의 행복과 보람을 찾을 수 있는 일을 말한다. 또 맡은 일을 열심히 하다 보면 나라 발전에도 보탬이 된다.

직업을 결정하기에 앞서 할 일은 세상에 어떤 직업이 있는지부터 탐색하는 것이다. 그 다음 자신을 알아야 한다. 자신의 직업관과 흥미, 적성, 능력, 신체 조건 등을 따져 보는 일이다. 적성을 파악할 땐 학교나 전문 기관에서 하는 직업 적성 검사를 받으면 좋다. 부모 또는 교사의 의견도 함께 듣는다. 하고 싶은 일과 잘하는 일이 다른 경우 신중하게 선택한다. 직업을 갖기 위해 필요한 공부는 물론 자신이 그 공부를 감당할 수 있을지도 판단한다. 일정 기간 동안 직업을 체험하며 점검하는 것이 낫다. 또 막연하게 과학자라고 하는 것보다 구체적으로 로봇과학자나 우주과학자 등으로 좁힌다.

▲ 강원도 원주 청소년경찰학교를 방문해 경찰 직업 체험을 하는 어린이들.

▲ 전남 국립고흥청소년우주체험센터를 방문해 천문학자에게 설명을 듣는 학생들.

직업을 선택한 뒤에는 닮고 싶은 인물을 정한다. 그 직업에서 성공한 사람이거나 직업적으로 자신이 이루고 싶은 일을 한 사람을 골라 그 사람을 닮으려고 노력하는 것이다.

직업적 전문성을 키우는 일도 필요하다. 독서 등을 통해 자신의 직업 관련 배경 지식을 쌓고, 필요한 자격증에도 도전한다.

문화일보 기사 등 참조

토론

책은 진로 탐색의 중요한 도구

독서로 직업관 세우고 적성 파악도 가능

책을 읽으면 다양한 인물의 삶이나 세상의 일을 간접 체험할 수 있다는 점에서 훌륭한 직업 탐색 도구가 된다. 게다가 전문 지식도 얻을 수 있다. 독서를 통해 직업을 정하는 방법을 알아본다.

직업관 정하기

아프리카에서 평생 봉사하며 산 이태석(1962~2010) 신부는 『친구가 되어 주실래요?』를 지었다. 이 책을 읽으면 봉사의 가치를 알 수 있다. 다양한 책을 보며 자신이 앞으로 어떤 가치를 가지고 세상을 살아야 할지 탐색할 수 있다.

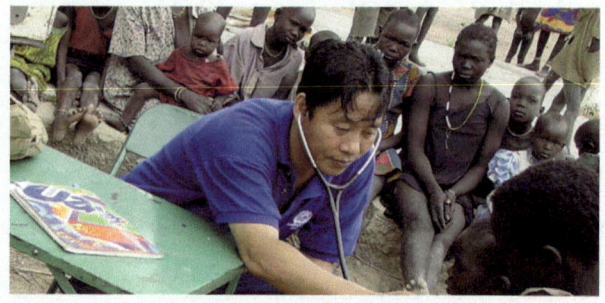

▲ 의사로서 얻을 수 있는 부와 명예를 포기하고, 아프리카의 남수단에서 평생 봉사하다 생을 마감한 이태석 신부.

직업 탐색하기

직업의 종류는 수십만 가지가 넘는다. 이 가운데 과거에는 인기 직업이었다가 지금은 사라진 것도 있다. 책을 읽으면 어떤 직업이 있으며, 앞으로 어떤 직업이 인기가 있을지 알 수 있다. 직업별로 어떤 곳에서 어떤 일을 하며, 어떤 대우를 받는지도 살펴볼 수 있다.

자신의 적성과 능력 알기

지금까지 읽었던 독서 목록을 분석하면 어떤 분야의 책을 많이 읽었는지 알 수 있다. 책을 읽을 때 흥미가 가장 큰 분야도 자신의 적성과 거의 일치한다. 이처럼 독서 습관을 점검할 경우 자신의 적성과 능력을 파악할 수 있다. 예를 들어 도구를 이용하는 책에 흥미를 강하게 느낀다면 마술이나 미용, 분장, 조립, 만들기에 소질이 있는 것이다.

(13쪽에 계속→)

토론

역할 모델 정하고 직업 전문성 키울 수도

(→12쪽에서 이어짐)

직업 정하기

직업관이 정해지고 적성과 능력이 파악되면 미래의 성장 가능성을 생각해 직업을 결정한다. 직업은 구체적으로 정하는 것이 좋다. 예를 들면 막연하게 요리사가 아니라, 한식요리사나 양식요리사로 구체적으로 접근하는 것이다. 관련 책을 읽으며 좁혀 나가는 과정에서 나중에 그 직업에서 연구할 분야도 찾을 수 있다.

▲ 경기도 부천의 한 도서관에서 연 진로독서캠프에 참가해 역할 모델을 찾고 독서 계획을 세우는 방법을 배우는 학생들.

역할 모델 정하기

직업을 결정하면 관련 분야에서 성공했거나 자신이 도전하고 싶은 일을 한 사람을 정해 닮으려고 노력한다. 그 사람의 전기문이나 그가 지은 책을 읽어 참고한다. 또 성공하기 위해 기울인 노력과 진학한 학교, 이룩한 업적 등을 안다. 역할 모델이 평소 못다 이룬 부분도 조사해 그 분야에 도전해도 된다.

전문성 키우기

직업 목표를 달성하기 위해 필요한 배경 지식을 쌓으려면 중장기 독서 계획을 세워야 한다. 그리고 책을 읽은 뒤에는 감상과 새로 안 정보를 기록으로 남긴다. 또 책에 나온 내용을 체험 활동으로 연결하면 전문성을 더 키울 수 있다. 예컨대 동화작가를 꿈꾼다면 동화에 나오는 장소를 방문해 작가의 서술 방식을 이해하는 것이다. 우주과학자가 목표일 경우 책을 읽고 우주센터나 천문과학관을 방문한다. 대학을 졸업할 때쯤 직업을 정하면 전문성을 갖추지 못해 경쟁력이 떨어진다.

직업	도움이 되는 책
교사	『페스탈로치-인류의 희망을 밝힌 교육의 아버지』(신혜은 지음)/『유치원 교사·특수교사』(와이즈멘토 지음)
운동선수	『땀으로 만들어진 진정한 스타 운동선수-나는 커서 무엇이 될까』(이지용 지음)/『정상에 오른 뛰어난 운동선수』(질 브라이언트 지음)
연예인	『겁 많은 단비, 연예인 되다』(길해연 지음)/『나도 연예인』(소중애 지음)
요리사	『제이미 올리버-건강한 요리로 세상을 바꾸는 요리사』(최재훈 외 지음)/『나와 누나는 친환경 요리사』(이동엽 외 지음)
과학자	『얘들아, 정말 과학자가 되고 싶니?』(김성화 지음)/『과학자는 세상을 이렇게 바꿨어요』(정창훈 지음)
의사	『성자가 된 옥탑방 의사-바보 의사 장기려』(강이경 지음)/『어리바리 지수, 12살에 의사 되다』(신영란 지음)
법조인(판사/변호사)	『리틀 변호사가 꼭 알아야 할 법 이야기』(노지영 지음)/『인권 변호사 조영래』(박상률 지음)
가스·에너지 기술자	『에너지 도둑』(명로진 지음)/『위기의 지구를 살리는 진짜 에너지를 찾아라!-재생 에너지 vs 원자력 에너지』(강재호 지음)
항공기 정비원	『우리가 비행기를 만들었어요』(마틴 소돔카 지음)/『후 WHO? 라이트 형제』(한나나 지음)

생각이 쑤욱

1 어렸을 적에 진로를 정해야 성공 가능성이 큰 까닭을 세 가지만 들어보세요.

2 지금까지 자신이 정했던 꿈이 어떻게 바뀌었으며, 왜 바뀌었는지 되돌아보세요.

☞꿈이 바뀌지 않았다면 바뀌지 않은 까닭을 말하면 됩니다.

꿈			
바꾼 이유			

3 꿈을 정할 때 가장 중요한 것은 자신의 적성이나 능력 등 자신을 아는 일입니다. 아래 질문에 따라 내가 희망하는 직업을 평가해 보세요.

어떤 분야에 관심이 많은가요?	
어떤 공부(또는 작업)를 할 때 즐거운가요?	
가장 잘하는 일은 무엇인가요?	

나의 희망 직업은 _____입니다.
나는 _____
_____(이)기 때문에 내가 이 직업에 맞는다고 생각합니다.

머리에 쏘옥

초등학생들에게 인기 있는 직업

초등학생들이 가장 좋아하는 직업은 여학생의 경우 교사(17.8퍼센트), 남학생은 운동선수(21.1퍼센트)로 나타났습니다.

한국직업능력개발원이 최근 초등학생들의 직업관을 조사한 자료입니다.

여학생의 경우 2등은 연예인이었고, 요리사, 의사, 판사와 변호사 등이 그 뒤를 이었습니다. 남학생은 박사·과학자 등 연구원이 2위였고, 의사, 판사나 변호사, 경찰관 순으로 조사되었습니다.

'진로에 가장 큰 영향을 주는 것이 누구냐'는 질문에 절반 정도가 자신의 부모님을 들었습니다.

10년 뒤 인기 직업은 무엇일까

10년 뒤 가장 인기 있을 직업은 무얼까요? 가스·에너지기술자와 연구원이었습니다.

이는 한국직업능력개발원이 우리나라 412개 직업을 대상으로 10년 뒤 전망이 좋을 직업을 2016년에 조사한 자료에 따른 것입니다.

2위는 보건위생과 환경검사원, 3위는 항공기정비원이었습니다. 사회복지사와 상담전문가, 청소년지도사도 앞으로 유망한 직업 순위에 올랐습니다. 이는 사회의 변화와 산업의 발전 가능성 등을 반영해 순위를 매긴 것입니다.

생각이 쑤욱

4 하고 싶은 일과 잘하는 일이 서로 다를 경우 어떻게 하면 좋을지 자신의 생각을 밝히세요.

5 나의 직업관을 정해 보세요. 앞으로 직업을 통해 이루고 싶은 목표를 정하는 것입니다.

머리에 쏘옥

자신의 적성을 파악하는 방법

적성이란 어떤 일에 알맞은 성질이나 능력을 말합니다. 자신의 적성을 알려면 전문 기관의 도움을 받는 것이 좋습니다. 예를 들면 한국직업능력개발원에서 운영하는 커리어넷(www.career.go.kr)의 진로 탐색 프로그램을 이용해도 간단한 적성 검사를 받을 수 있습니다. 다양한 기관에서 여는 진로 캠프에 참여해도 자신의 적성을 알 수 있지요.

무엇보다 부모나 교사의 의견을 종합해 결정하는 것이 좋습니다.

직업관

직업관이란 직업에 대해 가지는 생각이나 태도를 말합니다.

직업이 오로지 돈을 벌기 위해 존재한다고 보면, 어떻게 해서든 부자가 되는 것이 목표가 될 것입니다. 하지만 다른 사람에게 인색하다는 소리를 들을 수 있고 불법적인 일도 할 수 있지요.

직업이 사회나 나라를 위해 봉사하기 위해 존재한다고 생각하면 자신의 이익을 덜 챙기더라도 사회나 국가에 봉사하는 직업을 고를 것입니다. 이렇게 되면 부유한 생활을 하지 못하는 단점이 있습니다.

어떤 가치를 더 크게 보느냐에 따라 직업을 선택하는 기준이 바뀝니다.

생각이 쑤욱

6 지금까지 닮고 싶었던 인물은 누구이며 어떤 점이 닮고 싶었나요? 그리고 그 사람은 나에게 어떤 영향을 끼쳤나요?

7 직업 목표를 정하고, 직업에 필요한 능력을 갖추기 위해 시기별로 준비해야 할 일을 계획해 보세요.

희망 직업과 하는 일	
필요한 능력 (또는 자격증)과 갖춰야 할 능력	
초등학교 때 할 일	
중학교 때 할 일	
고등학교 때 할 일	
대학교 때 할 일	

머리에 쏘옥

독서종합지원시스템을 활용한 독서 방법

교육부는 학생들의 독서 이력과 독후 활동 내용을 체계적으로 관리하는 데 도움을 주기 위해 인터넷에 독후 활동 포털(독서종합지원시스템)을 운용하고 있습니다. 지금은 각 시도교육청이 별도로 만들어 관리하지요.

독후감이나 편지, 감상화, 일기 형태 등 각종 독후 활동 내용을 올릴 수 있습니다. 여러 해 동안 꾸준히 올릴 수 있는데, 필요한 경우 출력할 수도 있습니다.

학교에서는 독서 목록과 감상 등을 별도로 생활기록부에 기록할 수 있습니다. 특히 생활기록부에 적힌 독서 이력은 중고등학교나 대학에 들어갈 때 자신의 진로를 얼마나 성실하게 준비했는지 판단하는 자료로 사용됩니다.

▲ 독서종합지원시스템

행복한 논술

우리나라는 꿈이 없는 어린이들이 너무 많습니다. 선진국의 경우 아주 어렸을 적부터 직업 목표를 세우고 단계적으로 실천해 나갑니다. 직업은 돈을 버는 수단일 뿐 아니라 행복을 찾고 사회에 봉사하는 길이기도 합니다. 자신의 적성에 맞는 일을 하면 성취감도 커지고 일의 능률도 높아져 개인과 사회가 모두 발전합니다. 따라서 어렸을 적부터 자신이 무엇을 좋아하고 어떤 일을 잘할 수 있는지 파악해 직업 목표를 세우는 것이 중요합니다. 독서만큼 진로 탐색과 직업 정하기에 효과적인 방법도 드뭅니다. 독서로 얻은 지식과 간접 경험을 바탕으로 직업을 설계하고, 전문성을 키우는 것이지요.

 어렸을 적부터 직업 목표를 정하는 것이 왜 중요한지 설명하고, 독서를 통해 직업을 결정하고 전문성을 키우는 방법을 설명하세요(500~600자).

02 우왕좌왕 지진 대비법

▲경주시에서 규모 5.8의 지진이 발생해 주택이 거의 무너졌다. 이번 지진은 한반도에서 지진 관측이 이뤄진 이래 가장 강력했다.

 2016년 9월 12일 경북 경주시에서 큰 지진이 일어났습니다. 기상청이 지진을 관측한 이래 한반도에서 일어난 가장 큰 지진입니다. 이 바람에 23명이 다치고 재산 피해도 컸습니다. 우리나라도 지진 안전 지대가 아니라는 말입니다. 지진은 지구 전체적으로 보면 하루에 5000번쯤 일어나는데, 지진이 일어나는 원인과 지진 피해를 줄일 수 있는 방법을 탐구합니다.

이런 걸 공부해요

이슈 지진은 왜 발생할까
- 경주서 우리나라 최대 규모 지진 발생
- 지구 내부 에너지가 분출되며 지진 발생

토론 지진 대비 이렇게…
- 우리나라도 지진에 안전하지 않다
- 실제 상황 가정한 교육과 대피 훈련 필요

지진은 왜 발생할까

경주서 우리나라 최대 규모 지진 발생

2016년 9월 12일 경북 경주시에서 규모 5.8의 지진이 일어났다. 1978년 기상청이 지진을 관측한 이후 한반도에서 일어난 가장 큰 지진이다. 이 지진은 군용 폭약 50만 톤(1톤은 1000킬로그램)이 한꺼번에 터지는 폭발력과 맞먹는다.

경주 지진으로 23명이 크고 작은 부상을 당했다. 재산 피해는 9000건이 넘었는데, 첨성대 등 문화재 피해도 100건에 이르렀다.

지진이 나면 막대한 에너지가 순식간에 분출된다. 이때 지진이 일어난 곳(진원)에서 방출된 에너지는 종을 칠 때처럼 여러 방향으로 퍼져 나가는데, 이것을 지진파라고 한다.

지진파가 표면으로 빠르게 전달되면 땅이 갈라지거나 꺼지게 되는데, 이때 건물이 무너지고 도로와 다리 등이 파괴된다. 또 바다에서 강력한 지진이 일어나면 파도가 해안으로 밀려들어 피해를 주기도 한다.

피해는 여기서만 그치는 게 아니다. 건물이 무너지고 땅이 뒤틀리면서 전기나 가스 시설이 파괴돼 불이 난다. 수도와 통신, 공장과 유통 시설이 엉망이 돼 경제도 마비된다.

전문가들은 우리나라도 지진 안전 지대가 아니라고 말한다. 그리고 경주 지진 때 주민들이 행동 요령을 몰라 혼란에 빠졌다며, 더 큰 지진에 대비해 행동 요령을 꼭 익혀야 한다고 강조한다.

▲경주시 황남동 한옥마을 근처 기와집이 지진 피해를 당해 지붕을 고치고 있다.

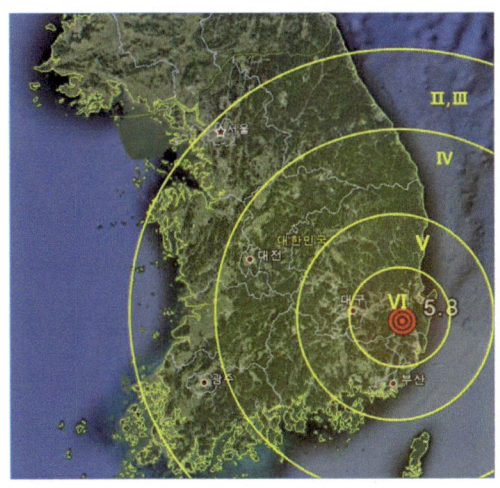
▲빨간 원 표시가 지진이 난 경주 지역임.

머니투데이 기사 등 참조

이런 뜻이에요

규모 지진 전체의 크기를 나타내는 단위. 아라비아 숫자로 소수점 1까지 표시하며, 숫자가 클수록 크기가 강하다. 1935년 미국의 리히터가 개발했다.

이슈

지구 내부 에너지가 분출되며 지진 발생

▲지구는 맨 바깥인 지각부터 안으로 들어가며 맨틀, 외핵, 내핵으로 나뉜다(왼쪽 사진). 지각은 여러 개의 판으로 이뤄지는데(오른쪽 지도), 이 가운데 태평양판 주변에 지진이 잦다.

 2011년 3월 11일 일본 동북부 지역 동쪽 바다에서 규모 9.0의 강진 일어나 지진해일이 해안 도시를 덮쳤다. 이 바람에 2만 7000명이 죽거나 실종되고, 원자력발전소가 폭발해 지금도 방사능이 누출되고 있다.

 지진은 이처럼 지구 내부의 에너지가 한꺼번에 밖으로 분출되며 땅이 갈라지고 흔들리는 현상을 말한다. 지진의 원인은 아직 확실하게 밝혀지지 않았다. 그러나 1960년대 나온 '판구조론'이 널리 받아들여지고 있다.

 판구조론에 따르면 지구 내부는 여러 층으로 구성되는데, 표면을 둘러싼 지각은 두께가 수십 킬로미터에 이르는 흙과 암석으로 이뤄진다. 그리고 지각은 10여 개의 조각들로 구성되는데, 이 조각을 판이라고 부른다. 판은 제각각 점성이 있는 맨틀 위를 1년에 수 센티미터씩 이동하며 한쪽 판의 가장자리가 다른 판의 가장자리에 걸리기도 한다. 이때 판들의 가장자리가 걸렸다가 벌어지면 엄청난 에너지가 분출된다. 이 에너지가 땅을 뒤흔들어 지진이 되는 것이다.

 세계적으로 하루에 1000~5000회의 지진이 생기는데, 특정한 곳에서만 자주 일어난다. 이런 지역을 지진대라고 한다. 대표적인 지진대는 태평양판 주변의 환태평양지진대로, 지진 전체의 70퍼센트 여기서 일어난다.

대전일보 기사 등 참조

토론 지진 대비 이렇게…

우리나라도 지진에 안전하지 않다

▲2011년 3월 11일 일본 동북부 지역 동쪽 바다에서 일어난 강진 때문에 생긴 지진해일이 동북부의 해안 도시를 덮쳐 폐허가 됐다.

우리나라는 그동안 큰 지진이 잘 일어나지 않는 안전한 지대로 알려져 있었다. 하지만 경주 지진의 예에서 보듯 큰 지진이 발생할 가능성이 없는 것이 아니다.

기상청의 '2016년 국내외 지진 발생 현황 자료'에 따르면 2016년에 국내에서 발생한 규모 2.0 이상의 지진은 모두 254회였다. 과거 평균 지진 발생 횟수의 5.3배에 이른다. 규모 3.0 이상 지진도 34회로, 과거 일어난 9.4회의 3.6배였다. 우리나라도 더 이상 지진 안전 지대가 아니라는 얘기다.

상황이 이런데도 우리나라는 지진이나 지진해일 대비는 제대로 이뤄지지 않고 있다.

소방방재청의 예측 자료에 따르면 서울 중구에서 규모 6.5의 강진이 일어나면 11만 명 이상이 죽거나 다치고, 서울 전체 건물의 60퍼센트쯤이 붕괴된다고 한다. 특히 학교의 경우 지진에 견디도록 지은 곳이 30퍼센트에 불과한 것으로 나타났다. 수업 시간에 지진이 닥치면 학생들이 큰 위험에 빠질 수 있다는 얘기다. 소방방재청에 따르면 일본의 서쪽 바다에서 강진이 일어나 지진해일이 몰려오면 두 시간 안에 우리나라 해안에 도착한다는 분석이 나왔다. 그러나 주민들은 대피소가 어디에 있는지, 어떻게 대응해야 하는지도 모르는 경우가 많다.

경향신문 기사 등 참조

토론

실제 상황 가정한 교육과 대피 훈련 필요

지진이 언제 어느 정도의 규모로 일어날지 아직까지는 과학적으로 예측할 수 없다. 따라서 피해를 당하지 않도록 대비하는 것이 최선의 방법이다.

◇지진에 잘 견디는 건물 지어야=철근과 콘크리트로 건물을 튼튼하게 지으면 지진이 일어났을 때 사람들이 대피할 시간을 벌 수 있다. 특히 학교나 극장 등 사람이 많이 출입하는 대규모 시설은 아주 강한 지진에도 견딜 수 있도록 지어야 한다.

◇지진과 지진해일 대비 훈련 필요=지진이나 지진해일이 발생했다고 가정한 훈련을 정기적으로 하는 것이 중요하다. 지진 경보를 발령한 뒤 주민이 대피소로 대피하는 훈련을 한다. 일본처럼 학교에서도 지진 등 재난 대비 교육을 하는 것이 좋다.

지진 발생했을 때 행동 요령

집안에 있을 때

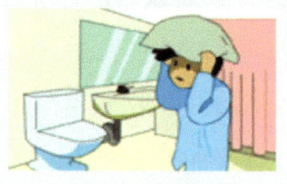

- 책상 밑에 들어가 몸을 웅크린다.
- 방석 등으로 머리를 보호한다.
- 불을 끄고 가스밸브를 잠근다.

학교에 있을 때

- 책상 밑에 들어가 몸을 웅크린다.
- 넘어질 염려가 있는 선반이나 책장에서 멀리 피한다.
- 선생님 지시에 따라 운동장으로 침착하게 대피한다.

지하철에 타고 있을 때

- 고정된 물체를 꽉 잡는다.
- 감전 등 위험이 있으므로 문을 열고 뛰어내리지 않는다.
- 차내 안내 방송에 따라 움직인다.

등산·여행 중일 때

- 산·절벽을 피한다. 산사태가 나거나 절벽이 무너질 수 있다.
- 라디오나 안내요원의 지시에 따라 신속히 대피한다.
- 바닷가에서는 높은 지역으로 또는 해안에서 멀리 피한다.

생각이 쑤욱

1 지진이 일어나면 어떤 피해가 생기는지 말해 보세요.

2 지진 피해를 당한 지역에 구호품을 보내려고 해요. 어떤 구호품이 필요할까요?

▲대한적십자사가 일본에 보내는 구호품.

3 일본에서는 세계적으로 지진이 가장 많이 일어납니다. 왜 그럴까요?

머리에 쏘옥

동물이 먼저 지진 안다

지진이 일어나기 전에 동물의 이상 행동이 종종 관찰된다고 해요. 1876년 중국 탕산 대지진이 일어나기 몇 시간 전에 개구리 떼가 이동하는 것이 목격됐어요.

지진이 일어나기 전에 쥐는 마구 돌아다니거나 얼굴을 긁는 등 행동을 한다고 해요. 지진 때 관측되는 박동을 몸으로 느끼기 때문이라고 합니다. 또 메기는 지진이 일어나기 전에 지각이 서서히 무너질 때 발생하는 전자파를 느끼는 것으로 알려졌어요.

과학자들은 이러한 동물의 예지 능력을 지진과 기후 예측에 이용할 방법을 연구하고 있어요.

▲2008년 중국 쓰촨성에서 대지진이 일어나기 전에 이동하는 두꺼비 떼.

생각이 쑤욱

4 옛날 사람들은 지진 발생을 어떻게 예측했을까요?

5 지진에 대해 아는 내용을 담아 사진 설명을 200자 안팎으로 달아 보세요.

머리에 쏘옥

지진의 세기에 따른 피해

지진이 발생한 곳에서 사람이 느끼는 땅의 흔들림은 지진의 크기와 관계가 있어요. 큰 지진일수록 흔들림도 크지요. 이 흔들림의 정도로 나눈 지진의 크기를 진도라고 해요. 세계적으로 가장 많이 사용되는 진도는 크기를 12단계로 나눕니다.

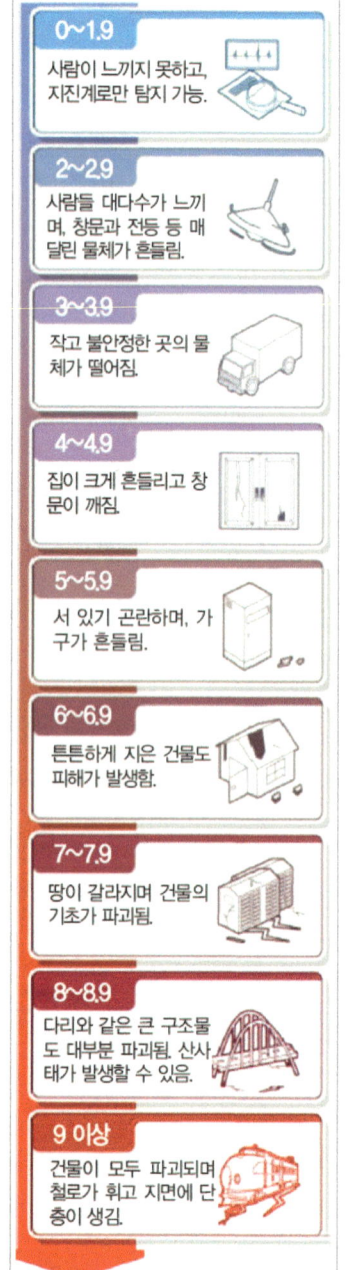

생각이 쑤욱

6 우리나라 지진의 역사를 알아야 하는 이유를 말해 보세요.

7 지진에 대비해 미리 싸두는 생존 가방에 꼭 들어가야 할 것을 7가지만 정하고, 그 이유도 말해 보세요.

일곱 가지 물건

①

②

③

④

⑤

⑥

⑦

머리에 쏘옥

우리나라 지진의 역사

"779년 4월 경주의 땅이 흔들리고 집이 무너져 죽은 사람이 100여 명이나 됐다."

우리나라에도 과거에 지진이 많이 발생했어요.

고려 시대 김부식이 지은 삼국의 역사서 『삼국사기』에는 경주에 지진이 일어난 기록이 있어요. 이 책에는 경주 지진 말고도 107건의 지진이 기록돼 있습니다.

『고려사』에는 고려 때 불국사의 석가탑이 지진으로 무너져 보수했다는 기록도 있어요.

『조선왕조실록』을 보면 조선 시대 발생한 지진이 1967건이나 된다는 사실을 알 수 있답니다.

과거에 어떤 지역에서 큰 지진이 얼마나 자주 발생했는지 알면, 그 지역에서 일어날 지진을 예측할 수 있어요.

▲불국사 건물을 떠받치도록 돌로 쌓은 기단부에도 지진에 견디도록 하는 공법이 적용됐다.

▲지진 등 재난에 대비해 생존 가방을 미리 챙기는 것이 좋다.

행복한 논술

　강진이 일어나면 건물이 무너질 수 있습니다. 건물이 무너지면 많은 사람들이 죽거나 다칩니다. 2016년 9월 12일 경북 경주시에서 규모 5.8의 큰 지진이 발생해 사람들이 다치고 재산 피해도 컸습니다. 이제 우리나라도 지진 안전 지대가 아니라는 증거입니다. 강진이 일어나면 건물이 무너지고 땅이 갈라져서 사람들이 죽거나 다치며, 재산 피해도 생깁니다. 따라서 건물을 튼튼하게 짓고, 평소에 지진 대비 행동 요령도 익혀야 합니다.

우리나라도 지진 안전 지대가 아님을 설명하고, 지진이 일어났을 때 행동 요령을 말해 보세요(500~600자).

03 성공하는 역할 모델 정하기

▲한 신문사 주최로 유명인들이 학생들의 역할 모델을 맡아 도움말을 준 뒤 사진을 함께 찍은 모습.

  2011년 세상을 떠난 스티브 잡스는 영원한 세계 대학생들의 역할 모델입니다. 그는 창조적인 발상과 뛰어난 통찰력으로 세상을 변화시켰습니다. 잡스가 떠난 뒤에도 위인전 등을 통해 그를 역할 모델로 삼으려는 사람들이 늘고 있습니다. 역할 모델의 중요성과 역할 모델을 정하는 법을 공부합니다.

📖 이런 걸 공부해요

이슈 역할 모델 있어야 꿈 이루기 쉽다
◆ 스티브 잡스는 세계 젊은이들의 영원한 역할 모델
◆ 역할 모델은 성공의 길잡이

토론 역할 모델을 정하는 법
◆ 나를 먼저 파악한 뒤 적합한 역할 모델 찾아야
◆ 역할 모델 닮으려 노력하면 성공 가능성 커져

이슈 | 역할 모델 있어야 꿈 이루기 쉽다

스티브 잡스는 세계 젊은이들의 영원한 역할 모델

▲애플의 신제품 발표회에 나와 아이폰을 설명하는 스티브 잡스.

아이폰을 만든 미국 애플의 최고경영자 스티브 잡스가 암과 싸우다 지난 2011년에 세상을 떠났다. 그는 새로운 도전의 상징이자 이 시대 최고의 경영자로 칭송받으며, 지금까지도 세계 젊은이들의 역할 모델 가운데 으뜸으로 꼽히고 있다.

잡스는 1955년 미혼모의 아들로 태어나 한 노동자의 가정에서 입양아로 자랐으며, 대학도 중퇴했다. 하지만 온갖 어려움을 딛고 애플을 창업해 세계 최고의 IT(정보통신) 업체로 만들었다. 그는 시대를 꿰뚫어 보는 통찰력이 있어 사람들이 무엇을 원하는지 잘 알았다. 그래서 아이폰과 아이패드 등 창조적인 제품을 만들어 내며 세상을 바꿨다. 그가 평소 입버릇처럼 얘기했던 "사람들은 원하는 것을 보여 주기 전까지는 무엇을 원하는지도 모른다."는 말은 기업가로서 그의 성격을 잘 보여 준다.

스티브 잡스가 젊은층이 가장 선호하는 역할 모델로 꼽힌 이유는 성공한 기업의 최고경영자라는 것 말고도, 스스로 적극적이고 창조적인 삶의 방향을 제시하고 실천했기 때문이다. 그는 지난 2005년 미국 스탠포드대 졸업식 축사에서 "항상 갈망하고 우직하게 나아가라"는 말과 함께 "다른 사람의 생각에 맞춰 사는 함정에 빠지지 마라."라고 주문해 세계의 젊은이들을 열광시켰다.

문화일보 기사 등 참조

이슈

역할 모델은 성공의 길잡이

초등학생들에게 커서 뭐가 될 거냐고 물으면 막연하게 특정 직업을 대거나 본인의 꿈을 이야기하기 쉽다. 이러한 학생들은 상황에 따라 직업이나 꿈이 변할 수 있기 때문에 미래의 설계도 수시로 바뀌게 된다. 자신의 앞날을 설계하는 데 적극적인 동기를 만들 수 있는 방법 가운데 하나가 역할 모델을 정하는 것이다.

역할 모델은 '어떤 한 사람을 표본으로 정해자신이 성숙할 때까지 모델로 삼는 것'이다. 따라서 역할 모델을 정할 때는 막연히 자신이 되고 싶은 사람이 아니라, 성격과 능력 등 여러 가지 면에서 닮고 싶은 인물을 구체적으로 골라야 한다.

잡지에서 우연히 프랑스의 화가 장 프랑수와 밀레(1814~75)의 판화를 보고 반한 네덜란드의 빈센트 반 고흐(1853~90)는 그의 작품을 따라 그리며 역할 모델로 삼았다. 밀레의 삶을 닮기 위해 그가 했던 탄광촌 생활까지 경험했다. 그리고 스승을 뛰어넘는 화가로 성장했다. 고흐는 밀레를 직접 만난 적은 없었다. 하지만 자신이 닮으려는 역할 모델을 상상해 그처럼 생각하고 결심하고 행동하기 위해 노력한 끝에 화가로서 성공한 것이다.

역할 모델은 이처럼 인생을 성공으로 이끄는 길잡이 역할을 하며, 인생의 목표를 정하는 데도 큰 도움이 된다.

문화일보 기사 등 참조

▲밀레의 목판화 작품(위)과 고흐의 작품. 여러 면에서 닮았다.

역할 모델을 정하는 법

나를 먼저 파악한 뒤 적합한 역할 모델 찾아야

▲초등학생들이 독서를 통해 역할 모델의 발자취를 찾아가는 모습.

나에게 맞는 역할 모델을 정하려면 우선 자신부터 아는 노력이 필요하다. 역할 모델을 정하고 따를 때 주의할 점을 알아본다.

◇나 이해하기=역할 모델을 정하려면 가장 먼저 자신을 객관적으로 판단해 장단점을 아는 일부터 시작해야 한다. 또 자신이 어떤 꿈을 가지고 있으며, 어떤 유형의 사람이 되려하는지 탐구도 필요하다.

◇역할 모델 정하기=역할 모델을 고를 때는 한 사람이 아니라 여러 명을 후보로 올리는 것이 좋다. 그들을 한 사람씩 분석해 장단점을 파악하고, 닮고 싶은 점을 찾는다. 모델을 정한 뒤에는 그 사람에 관련된 책을 읽되, 생활을 직접 볼 수 있으면 가까이서 관찰한다. 가능하면 직접 만나 이야기를 나누는 것이 좋다.

◇끊임없이 노력하기=모델을 정한 뒤에도 그 사람에 대한 연구가 필요하다. 같은 모델이라 해도 자신이 성장하는 만큼 상대에 대한 이해가 커지기 때문이다. 나이가 듦에 따라 역할 모델에게서 새로운 점을 찾아내는 자세가 필요하다. 모델을 적극 탐구하고, 새로운 사실을 깨달아 끊임없이 자신을 자극해야 좋은 결과를 얻을 수 있다.

세계일보 기사 등 참조

토론

역할 모델 닮으려 노력하면 성공 가능성 커져

미국의 작가 나다니엘 호손(1804~64)이 지은 단편 소설 '큰 바위 얼굴'은 역할 모델을 닮기 위해 노력하는 삶의 중요성을 보여 준다.

미국 남북전쟁(1861~65)이 끝난 바로 뒤 주인공 소년 어니스트는 어머니에게 바위 언덕에 새겨진 큰 바위 얼굴을 닮은 아이가 태어나 훌륭한 인물이 될 것이라는 전설을 들었다. 어니스트는 커서 그런 사람을 만나 보았으면 하는 기대를 가졌다. 그리고 자신도 어떻게 하면 큰 바위 얼굴을 닮을까 생각하며 진실하고 겸손하게 살았다. 세월이 흐르는 동안 돈 많은 부자, 싸움 잘하는 장군, 말 잘하는 정치인, 글 잘 쓰는 시인들을 차례로 만났다. 하지만 큰 바위 얼굴처럼 훌륭한 사람으로 보이지는 않았다. 어니스트는 실망했지만 항상 성실하고 바르게 살면 큰 바위 얼굴을 닮은 사람을 만날 수 있을 것이라 믿었다.

시간이 흘러 어니스트는 지혜로운 사람으로 소문이 나 곳곳에서 그를 만나기 위해 사람들이 찾아왔다. 그러던 어느 날 어니스트의 설교를 듣던 시인이 어니스트가 바로 '큰 바위 얼굴'이라고 소리쳤다. 평생 동안 큰 바위 얼굴을 닮으려 노력했던 어니스트 스스로가 위대하고 현명한 사람이 된 것이다.

어린이동아 기사 등 참조

▲미국 사우스다코타주 러시모어산에 새겨진 '큰 바위 얼굴'. 초대 대통령 조지 워싱턴과 3대 토머스 제퍼슨, 16대 에이브러햄 링컨, 26대 시어도어 루스벨트 등 미국인이 가장 사랑하는 대통령 4명의 얼굴이 조각됐다.

생각이 쑤욱

1 많은 사람들이 선택하는 역할 모델이 되려면 어떤 조건을 갖춰야 할까요?

2 다음은 네티즌들이 잡스를 추모하기 위해 만든 배너입니다. 잡스 추모 배너를 만들어 보세요.

☞배너란 인터넷 홈페이지에 띠 모양으로 만들어 붙이는 광고를 말합니다.

3 역할 모델을 만들면 성공 가능성이 커지는 이유를 세 가지만 말해 보세요.

머리에 쏘옥

역할 모델 1위는 '아버지'

우리나라 대학생들이 닮기를 원하는 사람 1위는 '아버지'였습니다. 한 포털 업체에서 대학생 836명을 대상으로 한 설문 조사 결과입니다. 구체적으로 보면 1위인 아버지는 24.7퍼센트를 차지했고, 어머니가 14.2퍼센트로 2위였습니다. 선생님과 부모님은 각각 4, 5위였습니다. 반기문 전 유엔 사무총장도 역할 모델로 이름을 올렸습니다.

▲빌 게이츠와 그의 역할 모델인 아버지.

생각이 쑤욱

4 자신의 꿈을 이루기 위해 부족한 점은 무엇이며, 그 꿈을 이루기 위해 어떤 노력을 하는지 말해 보세요.

☞꿈이 없을 경우 자신이 잘하는 점을 생각해 꿈을 정해 보세요.

5 나의 역할 모델은 누구인가요? 다음 표를 완성한 뒤 자신의 역할 모델을 1분 30초 동안 소개하세요.

역할 모델	

역할 모델 소개(생애, 직업, 업적 등)

정한 이유

닮고 싶은 점

머리에 쏘옥

역할 모델과 성공

"자기 스스로 어떤 사람이 되어야 할지 결심하는 순간 절반의 성공을 거둔 것이다. 그러나 역할 모델을 만드는 작업을 시작하지 않으면 모든 도전은 실패로 끝날 것이다."

미국의 리더십 전문가 워렌 베니스(**사진**)의 말입니다. 역할 모델을 정하면 삶의 목적이 분명해져 자신의 성공을 위해 무엇을 해야 하는지 구체적으로 알 수 있습니다. 특히 어릴 때 역할 모델을 정하고 닮기 위해 노력하면 어떤 방향으로 성장할지 결정할 수 있어 성공 가능성이 커집니다.

생각이 쑤욱

6 기사에서 역할 모델을 정할 때 어떤 점을 주의해야 하는지 세 가지 이상 찾아 보세요.

머리에 쏘옥

역할 모델의 힘

유엔 등 국제 기구에 들어가 일하는 한국인이 크게 늘었습니다. 반기문 전 유엔사무총장(사진) 등 훌륭한 역할 모델들의 힘 때문입니다. 반 총장은 2007년부터 2016년까지 유엔사무총장을 지내며 학생들에게 국제 기구에서 일하는 꿈을 심어 줬습니다.

김용 세계은행(IBRD) 총재도 2012년부터 유엔에 속한 세계은행(IBRD) 총재로 근무하고 있습니다.

국제 기구에서 일하는 한국인은 2009년 330여 명에서 2015년 현재 543명으로 늘었습니다.

7 내가 성공한 사람이 되었다고 가정하고, 자신을 역할 모델로 삼을 사람들에게 성공하기 위해 필요한 조언을 해 보세요.

☞자신이 성공한 분야의 특성을 고려해 주의할 점과 준비할 점 등을 말하면 됩니다.

행복한 논술

살아가며 본받고 싶은 사람을 역할 모델이라고 합니다. 성공하고 싶다면 자신이 바라는 분야에서 이름난 사람을 찾아 적합한 역할 모델을 정해야 합니다. 역할 모델은 나침반처럼 삶의 나아갈 방향을 가르쳐 줍니다. 또 성공한 모습을 구체적으로 보여 줘 목표를 향한 노력에 더욱 힘을 쓰도록 합니다.

 역할 모델로 삼고 싶은 인물을 소개하고, 그 사람을 바탕으로 자신이 어떤 사람이 되고 싶은지 말해 보세요(500~600자).

04 토박이말에 담긴 조상들의 이야기

▲서울의 한 초등학교에서 학생들이 종이접기 작품에 토박이말을 적어 교실을 꾸몄다.

　초등학생들이 아는 토박이말(순우리말)이 점점 사라지고 있습니다. 토박이말 대신 한자어와 외국어로 된 말을 많이 써서 잊혔기 때문입니다. 토박이말이 줄어드는 까닭을 알아보고, 생활에서 자주 쓸 수 있는 방법을 공부합니다.

이런 걸 공부해요

이슈 토박이말이 사라진다
- ◆ 외래어에 밀려 교과서에서도 찾아보기 어려워
- ◆ 토박이말 왜 사라지나

토론 토박이말 살리는 언어 생활 필요
- ◆ 교과서에 많이 쓰고, 생활에서도 자주 사용해야
- ◆ 토박이말로 학교 건물 이름 지어 우리말 사랑 실천

토박이말이 사라진다

외래어에 밀려 교과서에서도 찾아보기 어려워

한 신문사가 최근 초등학교와 중학교 교과서에 나오는 단어를 조사했더니, 토박이말(순우리말)이 갈수록 줄어드는 것으로 나타났다. 한 시민 단체가 최근 한글날에 연 토박이말 퀴즈 대회에서도 초등학생의 절반 이상이 흔히 사용하는 '시나브로'(모르는 사이에 조금씩)와 같은 토박이말의 뜻을 몰랐다.

초등학생들이 아는 토박이말이 점점 줄어들고 있다. 평소에 한자어와 외래어를 많이 사용하고 토박이말은 잘 쓰지 않기 때문이다.

토박이말은 한자어나 외국어에서 온 말이 아니라 '하늘', '아버지', '어머니', '땅' 등 원래부터 있던 단어로, 우리말의 중심을 이룬다.

▲한 방송국의 우리말 겨루기 프로그램 모습.

토박이말에는 우리 전통 문화가 담겨 있으며, 우리 민족의 감정과 정서를 표현하기에도 알맞다. 따라서 전문가들은 토박이말의 사용을 늘려야 언어 생활도 풍부해지고 표현의 폭도 넓어진다고 주장한다.

토박이말을 사용하지 않으면 단어 자체가 사라져 그 자리를 한자어와 외래어가 메우게 된다. 토박이말이 사라지면 우리말의 단어 수가 줄어 언어 생활이 빈곤해질 수밖에 없다. 또 조상이 물려준 소중한 재산이기 때문에 잘 보존했다가 후손에게 물려줄 의무도 있다.

한국일보 기사 등 참조

이런 뜻이에요
한자어 과학, 수학, 국어 등 한자를 바탕으로 만들어진 말.
외래어 로봇, 토마토, 침팬지 등 다른 나라 말을 빌려 와 우리말처럼 사용하는 말.

이슈

토박이말 왜 사라지나

우리말을 이루는 낱말은 토박이말과 한자어, 외래어로 나뉜다. 국립국어연구원에서 2007년 펴낸 표준국어대사전에 실린 낱말을 보면, 우리말은 토박이말이 26퍼센트(100 가운데 26), 한자어가 59퍼센트, 외래어가 5퍼센트를 각각 차지한다.

과거에는 토박이말이 많았다. 하지만 중국에서 새로운 문화가 들어올 때마다 한자어도 함께 들어오는 바람에 토박이말이 경쟁에서 밀려 사라졌다. 한자어가 더 뛰어나다고 생각하는 조상들의 생각이 강했기 때문이다. 일본에게 나라를 빼앗겼던 일제강점기(1910~45)에는 한글을 쓰지 못하게 하면서 토박이말은 더욱 설 자리를 잃었다. 해방 이후에는 서양 문물이 들어오며 외래어가 크게 늘었다.

▲방송에서 외국어나 외래어를 사용하는 것을 쉽게 볼 수 있다.

지금도 한자어를 써야 유식하게 보이고, 한자어가 토박이말보다 뛰어나다고 생각하는 사람들이 적지 않다. '치아>이빨', '연세>나이'처럼 우리말보다 한자어를 써야 경어 표현에 맞는 경우도 있다. 최근에는 세계화 때문에 외국어를 많이 섞어 쓰기도 한다.

이처럼 한자어나 외국어를 섞어 쓰는 것이 돋보인다는 생각 때문에 토박이말이 점점 사라지고 있다. 토박이말을 사라지면 우리 전통 언어 문화를 잃는 것이며, 조상의 지혜나 민족의 정서도 잃는 셈이다.

토박이말	뜻	토박이말	뜻
귀잠	아주 깊이 든 잠	애면글면	일을 이루려 애를 쓰는 모양
길라잡이	길을 인도하는 사람	열없다	겸연쩍고 쑥스럽다
깜냥	어떤 일을 해 낼 만한 능력	울차다	야무지고 기운차다
노고지리	종달새	우듬지	나무 줄기의 꼭대기 줄기
높새바람	북동풍	주전부리	맛이나 재미로 먹는 음식
눈엣가시	몹시 미워 눈에 거슬리는 사람	짜장	과연, 정말로
되알지다	힘이 몹시 세다	짬짜미	남들과 몰래 짜고 하는 약속
밍밍하다	음식 맛이 몹시 싱겁다	추레하다	깨끗하지 못하고 생기가 없다
상고대	초목에 내려 눈같이 된 서리	푹하다	겨울 날씨가 퍽 따뜻하다
선웃음	꾸며서 웃는 거짓 웃음	핫바지	무식하고 만만한 사람

조선일보 기사 등 참조

이런 뜻이에요

국립국어연구원 문화관광부 소속의 국어 연구 기관. 국어를 연구하고 발전시키는 일을 함.
문물 정치 경제 등 문화와 그 문화가 만들어 낸 생활이나 물품 등을 말함.

토박이말 살리는 언어 생활 필요

교과서에 많이 쓰고, 생활에서도 자주 사용해야

▲서울시 종로구는 지역 상점과 손잡고 영어나 한자어로 된 가게 이름을 토박이말로 바꿨다.

말은 사용하지 않으면 사라지게 된다. 토박이말을 살리는 가장 좋은 방법은 자주 쓰는 것이다. 특히 잊힌 낱말 가운데 살려 쓸 수 있는 것을 자주 사용한다.

토박이말을 다룬 책을 읽어 한자어나 외래어를 대신해 쓸 수 있는 말을 찾아, 일기를 쓰거나 숙제를 할 때 쓰도록 노력한다. 교과서에 나온 말 가운데 한자어로 써도 되지 않는 단어는 토박이말로 바꾸는 노력도 필요하다. 예를 들면 수학 교과서에서 계산을 '셈', 삼각형을 '세모꼴', 사각형을 '네모꼴'로 각각 바꾸는 것이다.

학교에서도 토박이말을 사용하는 글쓰기 대회를 열거나 교내 게시판을 이용해 토박이말을 알리는 방법도 있다.

방송에서도 가능하면 토박이말을 살려서 쓰면 좋다. 프로그램에 자막을 넣을 때도 영어보다 토박이말을 사용하면 시청자의 집중도도 높아진다.

상표나 건물 이름을 붙일 때도 외국어 대신 토박이말로 사용한다. 독특하고 아름다운 토박이말은 참신한 느낌을 주기 때문에 광고 효과도 뛰어나다. 서울 종로구는 지역의 상점 주인들과 영어나 한자어로 된 가게 이름을 토박이말로 바꿔 달아 좋은 반응을 얻고 있다.

동아일보 기사 등 참조

토론

토박이말로 학교 건물 이름 지어 우리말 사랑 실천

울산초등학교는 교내 건물에 토박이말 이름을 붙여 부른다. 본관은 '앞채', 후관은 '뒤채', 본관과 후관 사이 건물은 '안채'라고 부르고, 체육관은 '사랑채'라는 이름을 붙였다.

건물의 층별 이름도 토박이말로 지어, 유치원이 있는 본관 1층은 유치원 교육과정 가운데 하나인 누리 과정에서 따와 '누리마루', 음악실이 있는 4층은 '노래마루'다. 이 학교가 건물에 한글 이름을 붙인 까닭은 학생들은 물론 학부모들에게도 우리말의 아름다움을 상징적으로 가르칠 수 있기 때문이다.

▲토박이말로 된 울산초등학교의 층별 안내판.

경기도 양평의 서종초등학교는 교사들이 학생에게 '한말글 사랑 공책'을 나눠 준다. 학생들은 이 공책에 새롭게 알았거나 한자어와 바꿔 쓸 수 있는 토박이말을 적는다. 학생들의 생활과 관련된 토박이말을 배우는 것이므로 쉽게 익히고 쓸 수 있는 장점이 있다.

초등학생에게 토박이말을 가르치는 행사도 있다. 경남 진주 지역의 토박이말을 사랑하는 한 단체는 해마다 토박이말 솜씨 겨루기 잔치를 연다. 올해 진주초등학교에서 한글날을 맞아 열린 잔치에서는 전통 놀이와 만들기를 하면서 토박이말을 익힐 수 있게 했다.

소년한국일보 기사 등 참조

▲진주초등학교에서 열린 토박이말 솜씨 겨루기 잔치.

이런 뜻이에요

누리 과정 만 3~5세 유아에게 공통적으로 제공하는 교육과 보육 과정.

생각이 쑤욱

1. 토박이말이 사라지는 까닭을 아는 대로 말해 보세요.

2. 한자어나 외래어와 비교해 토박이말의 장점을 세 가지만 들어보세요.

3. 일제강점기 일본은 토박이말 대신 일본식 한자어나 일본어를 쓰게 했습니다. 일본이 토박이말을 없애려 한 까닭은 무엇인가요?

머리에 쏘옥

다양한 표현이 가능한 토박이말

토박이말은 어떤 상태나 모습을 다양하고 자세하게 나타낼 수 있습니다.

예를 들면 잠을 나타내는 말의 경우 갈치잠, 나비잠, 말뚝잠, 토끼잠, 온잠, 풋잠 등이 있지요.

갈치잠은 비좁은 방에서 여러 명이 갈치처럼 모로 누워 자는 잠을 말해요. 나비잠은 나비가 날개를 편 것처럼 아기가 두 팔을 머리 위로 벌리고 곤히 자는 잠이죠. 말뚝잠은 말뚝처럼 꼿꼿이 앉은 채 자는 잠, 토끼잠은 토끼처럼 깊이 잠들지 못하고 자꾸 깨는 잠을 말합니다. 온잠은 밤새도록 깨지 않고 자는 잠이며, 풋잠은 갓 든 옅은 잠을 가리킵니다.

일본이 우리말을 없애려고 한 까닭

국어에는 그 나라 국민의 생각이나 생활 방식이 담겨 있습니다. 같은 말을 쓰는 사람들끼리는 친근한 감정도 들어있지요.

우리나라를 빼앗은 일본은 우리말 대신 일본식 한자어를 쓰게 했습니다. 우리말 대신 일본어를 가르쳐, 일본 사람처럼 생각하게 만들려고 한 것이죠.

생각이 쑤욱

4 한자어나 외래어로 된 우리말 가운데 두 개를 골라 나만의 토박이말로 고치고, 그렇게 고친 이유도 말해 보세요.

5 북한은 새로운 것이 발명되거나 해외에서 새로운 문물이 들어오면 처음부터 토박이말로 고쳐 부릅니다. 북한의 태도를 놓고 찬반 의견 가운데 하나를 골라 1분 동안 주장하세요.

찬성	반대
들어서 금세 뜻을 알 수 없는 외래어나 한자어를 쓰기보다는 알기 쉬운 토박이말로 바꾸는 것이 좋아. 새로운 말은 한번 생기면 쉽게 사라지지 않으니 처음부터 익숙하도록 바꿔야 해.	토박이말로 바꾸다 보면 너무 길어지거나 오히려 뜻을 쉽게 알 수 없어 혼란스럽게 되지. 세계화 시대에 다른 나라 말이나 문물이 우리 것과 섞이는 것은 자연스러운 일이라고 생각해.

머리에 쏘옥

북한의 토박이말

북한은 1966년 '조선말규범집'을 만들어 '문화어'를 공식 표준어로 지정했습니다. 문화어는 '북한 사람 사이에서 공통적으로 많이 쓰이는 평양 현대말'을 기준으로 합니다.

북한은 영어나 한자어까지도 토박이말로 다듬어 씁니다. 예를 들면 주스를 '단물', 스타킹은 '하루살이양말', 스킨로션은 '살물결'로 나타냅니다. 분유는 '가루젖', 도너츠는 '가락지빵'이라고 부릅니다.

토박이말 역명

▲과거 들판에 말을 키워 마들(말들)이란 이름이 붙은 서울 지하철 7호선 마들역.

토박이말로 이름을 지은 역이 늘고 있습니다.

서울의 새절역(6호선)은 말 그대로 '새로운 절'이라는 뜻이죠. 돌곶이역(6호선)도 성북구 석관동의 우리말 이름입니다. 백로가 노닐던 징검돌이란 뜻의 토박이말 '노들'도 9호선의 역 이름으로 자리를 잡았죠. '장승배기', '보라매', '뚝섬', '굽은다리' 등도 토박이말입니다.

이 밖에 아파트나 새로 생기는 길에도 토박이말 이름을 붙이는 것이 유행입니다.

생각이 쑤욱

6 교과서에 나오는 한자어나 외래어를 토박이말로 바꾸고, 바꾼 이유를 설명하세요.

한자어/외래어	토박이말	고친 까닭
도어락		
백일장		
외출		
축제		
캐스터네츠		

머리에 쏘옥

교과서에 토박이말 늘려

교육부는 초등학교 교과서에 쓰이는 토박이말을 늘리기로 했습니다.

할인은 '덜이', 외출은 '나들이', 노트는 '공책', 발코니는 '난간'으로 각각 바꿉니다. 의미와 소감은 각각 '뜻'과 '느낀 바'로 나타냅니다.

▲경남교육청에서 토박이말을 주제로 한 강의를 듣는 교사들.

7 내가 아는 토박이말을 사용해 오늘의 일기를 남겨 보세요.

☞토박이말이 많이 들어가면 좋습니다.

초등학생이 아는 토박이말이 점점 줄어들고 있습니다. 학교에서 배우는 교과서에도 한자어를 많이 사용할 뿐 아니라, 간판이나 건물 이름 등 생활 곳곳에서 영어 등 외국어를 자주 접하기 때문입니다. 토박이말은 우리말의 소중한 뿌리가 되는데, 조상들의 지혜와 다양한 정서가 담겨 있습니다. 토박이말을 잃으면 표현의 폭이 좁아져 언어 생활도 빈곤해집니다. 잊힌 토박이말을 찾아 생활에서 자주 사용하고, 일기를 쓰거나 숙제를 할 때도 토박이말을 사용하기 위해 노력해야 합니다.

토박이말이 사라지는 까닭을 설명하고, 토박이말의 사용을 늘리기 위한 방법을 말해 보세요(500~600자).

05 찌르고 때리고… 공연 동물의 눈물

▲경기도 과천의 서울대공원 돌고래 공연에서 돌고래들이 조련사의 손짓에 따라 공중으로 뛰어오르고 있다.

　서울대공원의 돌고래 공연이 동물 학대라는 이유 등으로 중단됐습니다. 돌고래 공연을 포함한 동물 공연은 어린이는 물론 어른도 좋아합니다. 하지만 공연에 출연하는 동물들은 고통스러울 수도 있습니다. 공연에 이용되는 동물들이 어떻게 훈련을 받는지 알아보고, 동물 복지를 위해 사람들이 어떤 노력을 기울여야 하는지 공부합니다.

이런 걸 공부해요

이슈 동물 공연 바람직한가
◆ 돌고래 공연은 '동물 학대'… 공연 중단해야
◆ 공연 출연 동물 훈련 과정에서 고통당해

토론 동물이 행복해야 사람도 행복하다
◆ 인간 생명 존중 위해 동물 복지도 강화해야
◆ 어릴 적부터 생명 존중 교육시켜야

이슈: 동물 공연 바람직한가

돌고래 공연은 '동물 학대'… 공연 중단해야

경기도 과천의 서울대공원이 28년간 해오던 돌고래 공연을 2012년에 중단했다. 공연에 나오던 제돌이 등 돌고래들은 모두 바다에 풀어 주었다. 돌고래를 길들이고 공연하는 행위가 동물 학대라는 동물 보호 단체들의 지적 때문이었다. 서울대공원의 돌고래 공연은 1984년 시작된 뒤 해마다 100만 명이 관람할 만큼 인기를 끌었다.

▲동물 단체 회원들이 돌고래 수입을 반대하는 시위를 하고 있다.

서울의 제2롯데월드 아쿠아리움도 동물 보호 단체들의 주장을 일부 받아들여 2016년 4월에 "더 이상 고래류를 들여오지 않을 것."이라고 밝혔다. 이곳에서는 2015년 북극 돌고래 세 마리를 들여왔으나 한 마리가 병으로 죽었다.

하지만 거제도와 제주도 등에 있는 수족관들은 돌고래 전시와 돌고래 쇼 등을 여전히 중단하지 않고 있다.

돌고래 공연 폐지 논란은 물개와 원숭이, 말 등 다른 동물 공연으로까지 번지고 있다. 동물 보호 단체 관계자들은 "동물 공연은 단지 사람이 즐기기 위해 다른 생명을 가혹하게 훈련시키며 괴롭히는 행위."라고 비판했다.

동물 공연을 폐지하지 말아야 한다고 주장하는 사람들도 적지 않다. 전문가들은 "동물 공연이 교육적 효과도 큰데다 공연 자체가 사람과 동물 양쪽의 끊임없는 애정이 가져오는 결과물."이라고 말했다.

한국일보 기사 등 참조

이슈

공연 출연 동물 훈련 과정에서 고통당해

▲중국의 한 동물원에서 곰 두 마리가 치고받으며 권투 공연을 펼치고 있다.

불타는 링을 뛰어넘는 호랑이나 물구나무서기를 하는 코끼리 등 공연에 출연하는 동물은 갖가지 재주를 부린다. 이를 지켜보는 관람객은 즐거워한다.

하지만 동물 공연의 화려한 모습 뒤에는 동물의 고통스러운 삶이 숨겨져 있다. 공연에서 동물들이 보여 주는 동작은 자연스럽게 나오는 게 아니다. 조련사들은 칭찬과 먹이를 미끼로 삼아 오랫동안 동물을 길들인다고 한다. 이에 비해 굶기거나 때려 공연에 세우는 사례도 적지 않다. 동물을 쇠사슬로 묶어 끌어당기고 막대기로 찌르기도 한다.

공연에 등장하는 동물들은 입마개를 한 채 목과 발이 쇠사슬에 묶인 경우가 대다수다. 게다가 서커스단의 동물은 더럽고 비좁은 우리에 갇혀 지내고, 트럭에 실려 먼 거리를 오가야 한다.

동남아시아의 한 섬에서 관광객에게 인기를 끄는 동물 서커스의 경우, 공연에 등장하는 원숭이들이 자전거 타기와 장대 걷기 등 묘기를 선보인다. 관람객들은 즐거워하지만, 공연이 끝난 원숭이들은 좁은 우리에 다시 갇히는데, 이때 흥분해서 우리를 마구 흔들어댄다. 그리고 다른 원숭이를 공격하는 등 난폭한 행동을 보이기도 한다.

지금도 우리나라를 포함해 지구촌 곳곳에서는 이처럼 동물에게 고통을 주는 갖가지 공연이 열리고 있다.

한겨레 기사 등 참조

동물이 행복해야 사람도 행복하다

인간 생명 존중 위해 동물 복지도 강화해야

공연에 이용되는 모든 동물이 학대를 당하지는 않겠지만 모진 훈련을 받는 동물이 적지 않은 게 사실이다.

외국의 경우 동물 공연을 점점 금지하고 있다. 1911년 세계 최초로 동물 보호법을 만든 영국은 2010년부터 야생 동물을 서커스에 이용하지 못하도록 했다. 중국도 2010년에 국가에서 운영하는 동물원에서는 동물 서커스를 모두 금지했다.

돌고래 공연도 동물 학대로 이어진다는 점에서 세계적으로 반대 운동이 벌어지고 있다. 영국에서는 1972년 36곳에 이르던 돌고래 공연장이 1993년에는 모두 사라졌다.

▲우리나라에서도 동물을 학대하면 벌금을 물거나 징역을 살아야 한다.

선진국의 경우 동물 복지를 보장하기 위해 동물을 학대하면 무겁게 처벌한다. 미국에선 과거 개를 잔인하게 죽인 사람이 4년의 징역형을 받기도 했다. 동물 복지란 동물을 함부로 죽이거나 괴롭히는 일이 없도록 하고, 동물의 습성을 살펴 알맞게 다루는 것을 말한다.

우리나라도 동물 보호법이 있는데, 동물을 학대하면 벌을 받는다. 잔인하게 동물을 죽이거나 도박·광고·오락 등에 이용하기 위해 동물에게 해를 입히면 최고 1년의 징역을 살거나 1000만 원 이하의 벌금을 물어야 한다.

동물 보호 단체의 한 관계자는 "동물도 사람처럼 살아 있고 감각이 있는 존재"라며 "사람의 행복이 중요하듯 동물의 행복도 중요하다."고 강조했다.

한겨레 기사 등 참조

토론

어릴 적부터 생명 존중 교육시켜야

▲'동물과 함께 사는 세상'을 주제로 한 우리나라 영화 '미안해 고마워'(2011, 감독 임순례 외)의 한 장면.

성격이 소심해 친구가 별로 없는 진수에게 엄마는 햄스터와 강아지, 거북 등을 기르게 했다. 엄마와 아빠가 함께 장사하러 나가면 학교에서 돌아온 진수는 집에 혼자 남아 동물을 친구 삼아 놀았다.

그러던 어느 날 엄마는 진수가 거북을 뒤집어 놓고 나무젓가락으로 배를 찌르며 버둥거리는 모습을 재미있게 바라보는 현장을 목격했다. 엄마가 동물을 학대하면 안 된다고 말렸지만, 진수는 괴로워하는 동물 모습에 재미가 들려 소용이 없었다.

진수에게 부족한 건 무엇보다 생명을 존중하는 마음이다. 생명을 존중하는 마음은 사람을 포함해 모든 동식물을 귀중하게 여기는 마음을 뜻한다. 모든 생명은 그 자체로 존중 받고 보호 받아야 하기 때문이다.

전문가들은 어린이에게 생명을 존중하는 마음을 키우려면 부모가 아이와 함께 동식물을 돌보면서 그 시간 동안 아이를 끊임없이 존중해 줘야 한다고 조언한다. 또 부모는 어린이에게 생명이 있는 모든 것을 괴롭히면 안 된다고 설명해야 한다. 이렇게 되면 아이는 동식물을 존중하는 체험을 하면서 생명의 귀중함을 깨달을 수 있다.

실제로 잔혹한 범죄자들 가운데 많은 사람들이 어릴 적부터 동물을 학대한 경험이 있다고 한다. 어렸을 때부터 생명을 존중할 줄 알아야 커서도 생명을 존중할 수 있다는 얘기다.

소년한국일보 기사 등 참조

생각이 쑤욱

1. 제돌이가 바다로 돌아가려면 어떤 훈련이 필요할지 두 가지만 생각하세요.

2. 공연에 출연하는 동물들이 난폭해지는 등 이상 행동을 보이는 이유는 무엇일까요?

3. 원숭이가 태국의 한 동물 공연에서 기타를 치고 진하게 화장한 채 노래를 부르고 있어요. 원숭이의 입장에서 공연에 나갔던 날의 일기를 대신 써 주세요.

년 월 일
날씨 :

머리에 쏘옥

제돌이의 일생

제돌이는 열 살 무렵인 2009년 어부들이 쳐놓은 그물에 잡혔어요.

바다에 사는 오징어와 고등어 등을 먹던 제돌이는 제주의 한 수족관으로 옮겨졌어요. 그 뒤 죽은 생선을 먹으며 사람과 친구가 되는 법을 배웠지요.

잡힌 지 두 달이 지난 2009년 7월에는 과천 서울대공원으로 옮겨졌어요.

돌고래가 공연에 출연하려면 1년 정도의 훈련이 필요하다고 해요. 제돌이는 몇 달씩 걸려 점프 기술과 꼬리를 튀기는 기술도 익혔어요.

서울시는 죽은 고기를 먹으며 이처럼 인간에게 길들여진 제돌이를 바다로 돌려보냈어요. 바다를 떠난 지 오래되지 않았고, 나이가 그리 많지 않아서 바다에서도 적응할 가능성이 높대요.

제주 앞바다에 야생 적응 훈련장을 만들고, 제돌이에게 1년간 바다에 적응하는 훈련을 시킨 뒤 2014년에 돌려보냈답니다.

▲초등학생들이 야생 적응 훈련에 들어가는 제돌이에게 축하 인사를 보내고 있다.

생각이 쑤욱

4 동물 공연은 동물을 학대하는 것이니 모두 중단해야 할지, 사람들의 즐거움을 위해 놔둬야 할지 1분 동안 내 생각을 말해 보세요.

| 동물 공연을 중단해야 합니다. | | 동물 공연을 중단하면 안 됩니다. |

5 동물의 복지를 보장하기 위해 어른과 어린이가 할 수 있는 일을 각각 두 가지씩 들어보세요.

| 어른이 할 수 있는 일 | 어린이가 할 수 있는 일 |

머리에 쏘옥

동물 복지를 위한 노력

서울대공원은 2011년에 세계 최고층의 침팬지 정글타워를 만들었어요. 침팬지들은 높이 12·18·24m 등 세 가지 유형으로 만든 정글타워를 자유롭게 타며 놀지요.

사람의 눈에는 위험해 보이지만, 야생의 침팬지들에게 가장 편한 곳은 30미터 높이의 나무라는 사실을 알고 만들었답니다.

정글타워는 사육된 동물들이 쉽게 본능과 야성을 잃는 문제점을 해결하기 위해 개발했습니다.

▲정글타워에서 노는 침팬지들.

생각이 쑤욱

6 동물원의 사자 우리를 야생과 비슷한 환경으로 꾸미려고 해요. 어떻게 꾸미면 좋을지 아이디어를 내 보세요.

7 동네 가게 앞에서 목줄에 묶인 개에게 돌을 던지며 괴롭히는 친구를 봤어요. 그 친구가 앞으로 동물을 괴롭히지 못하도록 설득하세요.

머리에 쏘옥

동물원을 어떻게 꾸밀까

동물원은 살아 있는 동물들 가운데 일부를 모아 기르고 번식시켜 사람들에게 관람시키는 사회 교육 시설입니다. 그러니 동물원을 만들 때는 그 동물이 사는 자연의 서식 환경과 최대한 비슷하게 만들어야 합니다.

세계적으로 인구가 증가하고 개발 바람이 불며 숲이 파괴되고 있습니다. 따라서 동물원은 멸종 위기 동물을 보호하는 역할도 합니다. 정신적으로나 육체적으로 스트레스가 많은 사람들에게 자연의 모습을 접할 수 있도록 해서 여가 활동을 하는 효과도 줍니다. 동물원을 중심으로 동물의 습성과 발육, 번식 등에 관한 연구도 이뤄지고 있지요.

▲동물원을 관람하는 어린이들.

> 행복한
> 논술

 서울대공원의 돌고래 공연은 중단되었지만, 다른 수족관들은 여전히 돌고래 공연을 계속하고 있습니다. 돌고래 공연 등 각종 동물을 이용한 공연은 어린이나 어른 모두 좋아합니다. 공연에 출연하는 동물은 관람객에게 신기한 재주를 보여 주고 박수를 받습니다. 하지만 그러한 재주를 익히기까지 얼마나 어려운 훈련을 받았을지 생각해 봐야 합니다. 공연에 이용되는 동물의 고통을 헤아려 이제는 동물 복지를 보장할 때입니다.

 돌고래 공연 등 각종 동물 공연의 문제점을 설명하고, 동물의 복지를 보장하기 위해 어른들과 내가 할 수 있는 일을 말해 보세요(500~600자).

06 지구촌 가난 구하는 적정 기술

▲ 우리나라의 한 업체가 적정 기술로 만든 태양열 전구 '솔라 랜턴'을 들고 기뻐하는 아프리카 사람들.

지구촌의 10명 가운데 9명은 첨단 과학 기술의 혜택을 누리지 못하고 불편하게 삽니다. 이들 가난한 지역 사람들의 생활을 개선하기 위해 개발된 것이 적정 기술입니다. 적정 기술이 무엇인지 알아보고, 우리나라가 적정 기술 투자를 서둘러야 하는 까닭을 공부합니다.

이런 걸 공부해요

이슈 가난한 나라 살리는 적정 기술

◆ 선진국은 투자 활발… 우리는 걸음마 단계
◆ 적정 기술 왜 필요한가

토론 기업이 적정 기술 투자 나서야

◆ 공짜 원조가 아니라 새 시장 만드는 투자로 봐야
◆ 적정 기술 성공해 돈도 벌고 도움도 주고

가난한 나라 살리는 적정 기술
선진국은 투자 활발… 우리는 걸음마 단계

적정 기술로 만든 라이프스트로우(휴대용 정수기)는 아프리카 나이지리아에 사는 열 살 소년 은제마의 가장 큰 보물이다. 이 지역에서는 물이 부족해 오염된 물을 마셔야 하는데, 라이프스트로우로 빨아 마시면 오염된 물질과 기생충 등이 필터로 걸러져 안전하게 마실 수 있기 때문이다. 가격도 3800원으로 비싸지 않은데다, 한 번 사면 1년은 사용할 수 있어 경제적으로도 큰 부담이 되지 않는다.

우리 정부는 지난 2015년에 적정 기술 관련 국제 회의를 열었다. 이 자리에서는 그동안 세계 여러 나라들이 벌였던 적정 기술 사업의 성공 사례를 나눴다. 세계적으로 문제가 되는 가난과 식수 부족, 위생 문제 등을 해결하려면 적정 기술이 꼭 필요하기 때문이다.

적정 기술은 과학 기술의 혜택을 제대로 받지 못하는 가난한 지역 사람들의 생활을 개선하기 위해 그 지역의 환경과 경제 상황 등을 고려해 만든 기술이다. 많은 돈이 들지 않으며, 누구나 쉽게 배워 쓰고 고칠 수 있다.

선진국의 경우 1970년대 후반부터 적정 기술을 적극 개발해 보급했다. 하지만 우리나라는 지금 봉사 단체나 대학에서 관심을 갖는 수준이고, 기업체들은 아직 적정 기술에 투자를 적극적으로 하지 않고 있다.

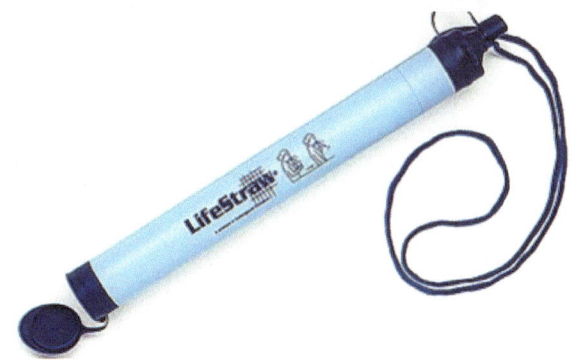

▲ 라이프스트로우를 이용해 오염된 하천 물을 마시는 아프리카 소녀(위 사진)와 라이프스트로우(아래 사진). 한 번에 최대 700리터의 물을 정수할 수 있다.

조선일보 기사 등 참조

이슈

적정 기술 왜 필요한가

▲ 페트병에 물과 표백제를 섞어 햇빛을 통과시키면 전기 없이도 빛을 밝히는 페트병 전구가 탄생한다.

　가난한 나라에 사는 사람들은 첨단 과학 기술의 혜택을 제대로 받지 못한다. 전기가 들어오지 않아 휴대전화나 인터넷을 쓸 수 없다. 수도 시설도 없어 오염된 물을 그대로 마셔야 한다. 현대의 기술이 세계 인구의 10퍼센트(10명 중 1명)밖에 안 되는 선진국 사람들을 중심으로 만들어졌기 때문이다

　적정 기술은 가난한 나라 사람들의 생활을 개선하고 경제적으로 자립할 수 있도록 돕기 위해 개발되었다.

　'적정'이라는 말은 어떤 상황이나 조건에 맞는다는 뜻이다. 따라서 어떤 지역에 맞는 기술을 개발하려면 그 기술을 쓰는 사람들의 생활 환경과 경제 수준을 알아야 한다. 기술을 개발한 뒤에도 그 지역에 빨리 전파할 수 있는 방법을 찾고, 기술이 계속 사용될 수 있도록 노력해야 한다.

　적정 기술이 널리 보급되면 가난한 지역 주민들이 더 나은 환경에서 편하게 살 수 있다. 예를 들면 물이 부족한 지역에 적정 기술 펌프와 정수기를 제공하면 사람들은 깨끗한 물을 마실 수 있다. 또 물을 긷느라 버리는 시간을 돈을 버는 데 쓸 수 있다. 그리고 물을 길으러 다니던 자녀들이 학교에 갈 수 있어 나중에 좋은 직업을 가질 수 있다. 이렇게 되면 주민들의 소득이 증가해 선진국들이 물건을 팔 수 있는 새로운 시장이 만들어진다.

한국일보 기사 등 참조

기업이 적정 기술 투자 나서야

공짜 원조가 아니라 새 시장 만드는 투자로 봐야

우리나라는 과거 외국에서 들여온 기술을 우리 현실에 맞는 적정 기술로 바꿔 경제를 발전시켰다. 전문가들은 우리나라의 이러한 경험이 적정 기술 보급에 큰 도움이 될 것으로 보고 있다.

하지만 우리의 적정 기술 개발은 학생들이 낸 아이디어나 일부 전문가들에 의존하고 있다.

따라서 이제부터는 기업이 나서서 적정 기술 개발에 적극 투자할 필요가 있다. 다양한 적정 기술 제품을 팔아 돈도 벌고, 가난한 나라 사람들의 생활도 개선해 미래의 시장을 만드는 일이기 때문이다.

▲ 영국의 국립적정기술센터. 태양열 발전과 풍력 발전 관련 적정 기술 등을 연구한다.

적정 기술을 지원할 때는 일정한 돈을 받고 팔아 그 지역 주민 스스로 주인 의식을 갖도록 하는 일이 중요하다. 또 현지인들에게 기술을 가르쳐 제품을 만들어 팔게 하면, 소득도 늘고 일자리도 생겨 기술이 오래 유지될 수 있다.

정부는 적정 기술 개발에 관심이 있는 사람들이나 기업을 지원해야 한다. 다양한 아이디어를 기술로 옮길 수 있는 지역 전문센터를 만드는 것도 좋다. 또 적정 기술을 사업화하려는 사람에게 자금 지원은 물론 해당 기술이 필요한 지역을 찾아 연결하는 일도 필요하다.

학교에서는 수업 시간을 통해 적정 기술의 필요성을 가르치고, 창의적인 기술 개발 훈련을 할 수 있게 해야 한다.

한국일보 기사 등 참조

토론

적정 기술 성공해 돈도 벌고 도움도 주고

▲ 저소득층을 위한 인도의 적정 기술 제품인 소형 태양열 조리기.

인도의 가디아솔라는 태양열 조리기를 만들어 파는 회사다. 그런데 이 회사의 회장 디팍 가디아는 저소득층이 쓰는 소형 태양열 조리기의 값을 낮추기 위해 고민했다. 싼값에 제품을 팔면 회사가 손해를 보고, 제값을 다 받으면 저소득층이 물건을 살 수 없기 때문이었다.

그래서 대형 제품을 팔아 얻은 이득의 일부를 소형 제품 판매로 본 손해를 메우는 데 썼다. 이 회사는 이렇게 해서 대형 제품과 소형 제품을 꾸준히 팔 수 있었고 수익도 늘었다.

우리나라의 김만갑 교수(캄보디아 과학기술국립대)와 국제 구호 단체인 굿네이버스가 몽골인들을 위해 공동 개발한 난방기 '지세이버'도 성공을 거뒀다.

대다수 몽골인들은 영하 50도의 겨울을 나기 위해 소득의 3분의 1을 난방비에 쓴다. 그래서 김 교수는 석탄을 땔 때 나오는 열을 오래 보존해 난방비를 줄일 수 있는 지세이버를 개발했다. 기존의 난로 위에 얹는 방식으로 설치도 간단하고, 매연을 줄여 대기 오염을 막는 데도 도움이 되었다.

굿네이버스는 현지에 공장을 세워 지세이버를 만들어 팔고 고치는 방법도 몽골인들에게 가르쳤다. 지금 지세이버는 외국의 지원 없이도 꾸준히 생산되어 팔리고 있다.

한국일보 기사 등 참조

▲ 몽골인들의 난방비 부담을 해결해 준 '지세이버'.

생각이 쑤욱

1 적정 기술이란 무엇인가요?

2 적정 기술을 개발할 때 주의할 점을 아는 대로 말해 보세요.

3 적정 기술은 쓰이는 곳의 생활 환경에 맞춰 개발되어야 합니다. 아래 정수기 세 가지는 각각 어떤 환경을 고려해 만들어졌을까요?

☞그 지역에서 쉽게 구할 수 있는 것을 사용하고, 그 지역 사람들의 생활 방식을 고려합니다.

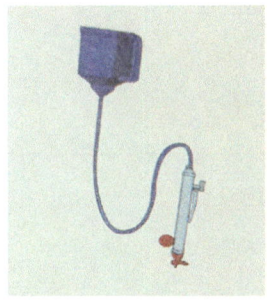
▲ 10명이 2년 동안 사용할 수 있는 라이프스트로우.

▲ 흙을 빚어 구운 도자기를 필터로 삼은 정수기.

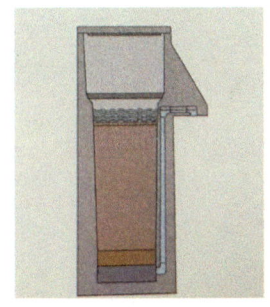
▲ 모래와 자갈을 두껍게 쌓아 필터로 삼은 정수기.

머리에 쏘옥

실패한 적정 기술

플레이펌프는 아프리카의 물 부족 문제를 해결하기 위해 만든 적정 기술입니다. 아이들이 뛰놀면 자동으로 지하수를 끌어올릴 수 있도록 되어 있죠.

사람들은 처음에 이 제품에 관심이 컸습니다.

남아프리카공화국의 사업가 트레버 필드는 아이들이 뛰놀기만 하면 물이 나온다고 홍보했죠. 그러자 기부를 원하는 사람들이 앞다퉈 제품을 사서 아프리카로 보냈습니다.

그러나 플레이펌프는 곧 골칫덩이가 되었습니다. 펌프를 작동시키려면 최소한 어린이 셋의 힘이 필요했고, 물이 필요할 때마다 어린이들이 억지로 뛰어야 했기 때문이었습니다. 그리고 현지에 기술자와 부품이 없다 보니 고장 나면 6개월이 넘게 고칠 수도 없었습니다.

결국 주민들에게 외면당해 대다수가 버려져 고물이 되었답니다.

▲ 어린이들 여럿이 플레이펌프를 작동하고 있다.

생각이 쑤욱

4 발명품은 다양한 적정 기술로 활용될 수 있는데, 아래 적정 기술 발명품을 어디에 지원하면 좋을까요?

'제33회 전국 학생 과학 발명품 경진 대회' 심사 결과 대통령상에 금암초등학교 하지민 학생이 낸 '폐탈수기와 선풍기 날개를 이용한 수동 손 건조기'가 뽑혔다. 페달을 밟으면 바람이 나와 손의 습기를 말려 주는데, 전기나 휴지 없이도 위생적으로 손을 건조할 수 있다.

머리에 쏘옥

세계가 100명의 마을이라면

세계가 100명이 사는 마을이라면 62명은 상하수도가 설치된 깨끗한 환경에서 살지만, 38명은 이질이나 콜레라 등 전염병에 걸릴 위험이 있는 환경에서 삽니다.

87명은 깨끗한 물을 사용하고, 13명은 날마다 물을 구하기 위해 온종일 걸어야 합니다.

76명은 전기를 이용해 밤에 불을 밝히고, 24명은 전기 없는 어두운 밤을 보내야 합니다.

가장 잘사는 10명은 1년에 1억 원을 버는데, 가장 못사는 10명은 80만 원도 안 됩니다. 40명은 240만 원을 벌지요.

지구 마을에서 1년간 생활하는 데 드는 비용은 550만 원입니다.

마을에 있는 돈을 똑같이 나눌 경우 한 사람에게 1년에 1500만 원씩 돌아갑니다. 하지만 가장 잘사는 10명이 모든 돈의 85퍼센트를 가졌기 때문에 대다수는 가난하게 삽니다.

5 가난한 나라 사람들에게 적정 기술을 지원하는 것과 돈을 지원하는 것 가운데 어떤 방법이 더 도움이 될 수 있을지 말해 보세요.

	적정 기술을 지원한다	돈을 지원한다
공통점		
차이점		
더 효과적인 방법		

생각이 쑤욱

6 적정 기술을 제공할 때 주의할 점을 세 가지만 들어보세요.

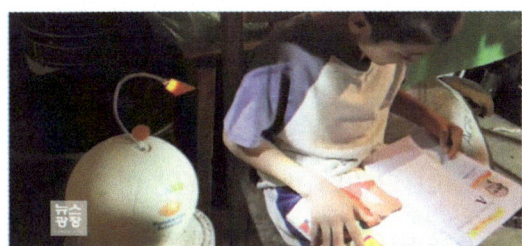

▲ 태양열로 빛을 내는 램프를 사용하는 페루의 어린이.

7 아래 제시한 서로 반대되는 의견 가운데 한 가지를 골라 상대의 의견을 1분 동안 반박하세요.

> 적정 기술 개발이 꼭 필요하다. 가난한 나라 사람들은 환경 오염과 빈부 격차로 생활에 어려움을 겪고 있다. 첨단 과학 기술만 개발하면 이러한 문제를 더욱 심하게 만든다. 적정 기술도 개발해야 이러한 문제를 해결하고, 선진국 사람들도 새로운 시장을 만들 수 있다.

> 첨단 과학 기술에 집중해야 한다. 사람들의 생활을 편리하게 하는 제품은 대부분 첨단 과학 기술로 만들어졌다. 세계인들이 모두 첨단 과학 기술 개발에 힘을 쏟는다면 머지않아 환경 오염 문제는 물론 식량 부족 문제도 해결할 수 있어 인류 전체가 행복해질 것이다.

머리에 쏘옥

페달펌프

마틴 피셔는 미국 스탠포드대에서 박사 학위를 받은 뒤 1991년 케냐로 가서 킥스타트라는 회사를 세우고 주민들에게 페달펌프를 보급했어요.

피셔는 원래 10개월 동안 케냐의 한 대학에서 공부할 생각이었어요. 그런데 16년 동안 케냐에 머물며 그 나라에 도움이 되는 적정 기술을 개발했습니다.

피셔는 국제 기구들이 아무 대가도 받지 않고 케냐에 지원하는 것이 문제라고 생각했습니다.

그래서 혼자서 페달을 밟아 물을 퍼 올릴 수 있는 펌프를 개발한 뒤 한 대에 7달러를 남기고 팔았습니다.

주민들은 공짜로 받은 것은 가치 있게 생각하지 않았지만, 돈을 주고 산 것은 소중하게 여겼습니다. 돈을 들인 만큼의 이득을 얻으려 했기 때문이었죠. 피셔의 바람대로 페달펌프는 케냐에서 20만 대가 넘게 팔렸고, 생산량을 더 늘릴 수 있었습니다.

전문가들은 적정 기술을 공짜로 줄 것이 아니라, 알맞은 대가를 받고 팔아야 주민들 스스로 기술을 개선할 수 있다고 말합니다.

▲ 피셔가 개발한 페달펌프를 이용해 농사를 짓는 케냐 농부.

행복한 논술

가난한 나라 사람들은 대다수가 첨단 과학 기술의 혜택을 받지 못하고 불편하게 생활합니다. 적정 기술은 이처럼 과학 기술의 혜택을 누리지 못하는 사람들을 돕기 위해 현지 사정에 맞게 개발되었습니다. 적정 기술이 널리 보급되면 지구촌 사람들의 빈부 격차를 줄일 수 있고, 가난한 나라를 구매력이 있는 시장으로 만들 수 있습니다. 그러나 우리나라 기업들은 아직 적정 기술 투자에 관심을 두지 않고 있습니다. 과거 선진국들의 도움을 받아 경제가 크게 성장했고, 미래 시장을 개척한다는 입장에서도 적정 기술 투자를 서둘러야 합니다.

적정 기술이 무엇이며, 우리나라가 적정 기술 투자를 서둘러야 하는 까닭을 설명하세요 (500~600자).

07 투표율과 민주주의는 정비례

▲대학생들이 대통령 선거 참여 홍보 활동을 하고 있다.

2017년 5월 9일에는 대통령을 뽑는 선거가 있었습니다. 그동안 국민을 대신해 일할 대표자를 뽑는 공직 선거의 투표율이 계속 낮아져 문제가 되었습니다. 간접 민주주의에서 선거의 중요성을 알아보고, 사람들이 투표에 참여하지 않으면 어떤 문제가 생기는지 탐구합니다.

이런 걸 공부해요

이슈 선거가 뭐예요
- ◆ 선거 투표율 계속 낮아져 문제
- ◆ 투표율 낮으면 민주주의 어려워져

토론 투표하지 않으면 권리 포기하는 것
- ◆ 투표일은 노는 날 아니야
- ◆ 어릴 적 선거 교육 여든까지 간다

이슈 선거가 뭐예요

선거 투표율 계속 낮아져 문제

▲지방 선거 날 투표소는 투표를 하려는 사람들이 적어 한산하지만(왼쪽 사진), 놀이공원 주차장에는 빈 자리가 없다.

2016년 4월 13일에는 국회의원 선거(총선)가 있었고, 2017년 5월 9일에는 대통령 선거(대선)를 치렀다. 국회의원 선거는 4년, 대통령 선거는 5년마다 한 번씩 치러진다.

민주주의 국가에서는 선거를 통해 국회의원이나 대통령 등 대표자를 뽑아 나라 운영의 책임을 맡긴다. 국회의원은 국가를 다스리는 데 필요한 법률을 만들며, 국민을 대신해 여러 국가 기관을 감시하고 비판하는 일을 한다. 대통령은 나라를 대표하며, 나라의 일을 직접 운영하고 책임을 진다.

5월 9일 선거가 특히 중요했던 까닭은, 법을 지키지 않아 자리에서 물러난 대통령을 뽑는 선거였기 때문이다.

그런데 1990년대 들어 지금까지 투표율이 계속 떨어지고 있다. 몇몇 선거를 빼고는 대통령 선거나 국회의원, 지방 선거 모두 마찬가지였다.

투표 때마다 전국 각 투표소는 한산한데, 놀이공원이나 영화관 등에는 사람들이 몰렸다. 투표일 다음날까지 휴가를 내 투표를 하지 않고 여행을 떠나는 사람들도 적지 않다. 투표 때만 되면 국민의 선거에 대한 무관심이 되풀이되고 있다.

대전일보 기사 등 참조

이슈

투표율 낮으면 민주주의 어려워져

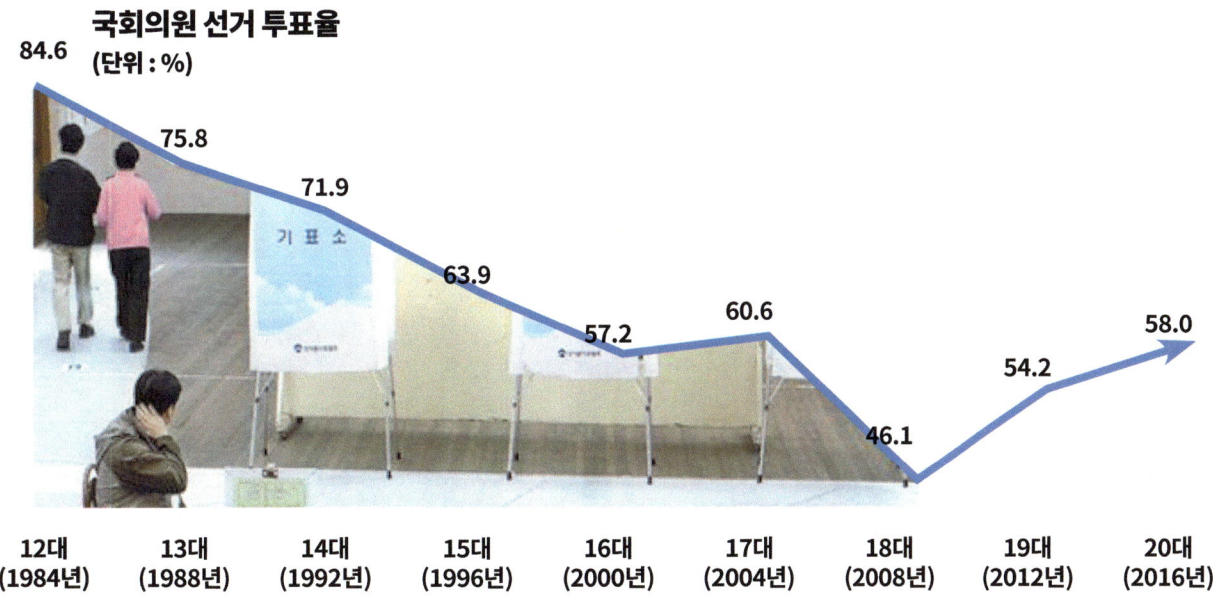

국회의원 선거 투표율 (단위 : %)

- 12대 (1984년): 84.6
- 13대 (1988년): 75.8
- 14대 (1992년): 71.9
- 15대 (1996년): 63.9
- 16대 (2000년): 57.2
- 17대 (2004년): 60.6
- 18대 (2008년): 46.1
- 19대 (2012년): 54.2
- 20대 (2016년): 58.0

선거를 통해 대표자를 뽑는 이유는 나라의 의사를 결정할 때 국민이 모두 참여할 수는 없기 때문이다. 따라서 선거 참여는 국민이 나라의 주인임을 알릴 수 있는 유일한 기회다.

그런데 갈수록 투표를 포기하는 사람들이 늘고 있다. 국회의원 선거의 경우 2012년부터 50퍼센트를 간신히 웃돌고 있지만, 2008년 18대 국회의원 선거 때는 역사상 가장 낮은 46.1퍼센트를 기록하기도 했다.

전문가들에 따르면 투표율이 낮아지는 원인은 우선 뚜렷한 정책이 없어 유권자(투표권이 있는 사람)의 관심을 끌지 못하기 때문이다. 어떤 후보를 뽑더라도 '다 거기서 거기'라는 불신감이 강한 유권자들이 많은 탓도 있다. 가난한 사람들은 투표하기 위해 하루를 쉬면 돈을 벌지 못하므로 투표장에 가지 못하기도 한다. 젊은 사람들은 특히 정치에 대한 관심이 부족해 투표일조차 모르는 경우가 많다.

투표율이 낮아 투표하는 사람이 절반도 넘지 않는 상황에서 대표자들이 뽑힐 경우 국민을 대표할 수 있느냐 하는 문제가 생길 수 있다. 또 이러한 대표자들이 모인 국회에서 내린 결정이나 만든 법도 믿고 따르기 쉽지 않다. 따라서 투표율이 낮은 것은 민주주의의 위기 상황이라고 볼 수 있다.

서울신문 기사 등 참조

이런 뜻이에요

정책 정부 또는 정치 단체가 나아가는 방향.

| 토론 | **투표하지 않으면 권리 포기하는 것**

투표일은 노는 날 아니야

투표율을 높이려면 유권자들이 투표 참여의 중요성을 스스로 깨달아야 한다. 선거는 국민의 의사를 결정하는 중요한 수단이다. 따라서 가능하면 많은 사람이 참여해 의사를 결정할 때 사회가 발전할 수 있다. 유권자들은 투표에 참여하는 것이 나라 발전에 기여하는 첫걸음임을 깨달아야 한다.

투표율이 낮아지는 현상은 우리나라뿐 아니라 세계 여러 나라도 함께 안고 있는 문제다. 그래서 투표율을 높이기 위해 나라마다 여러 가지 아이디어를 짜내고 있다. 호주 등 세계 여러 나라는 의무투표제를 시행한다. 유권자들이 투표에 참여하지 않으면 돈을 내게 하거나 아예 투표하지 못하도록 투표권을 빼앗는다. 의무적으로 투표를 하는 호주와 싱가포르는 투표율이 90퍼센트를 넘는다.

▲정부에서 비행선을 이용해 투표 참여를 권장하는 모습.

2016년 국회의원 선거에서는 젊은층의 투표 참가율이 높아졌는데, 사회 관계망 서비스(SNS)가 투표율을 끌어올리는 데 큰 힘이 됐다. 젊은층이 많이 사용하는 SNS를 이용해 후보자들이 선거 운동을 활발하게 펼치고, 정부도 선거 홍보를 할 수 있기 때문이다.

서울신문 기사 등 참조

이런 뜻이에요

사회 관계망 서비스(SNS) 트위터나 페이스북, 카카오톡 등 온라인에서 다른 사람과 소통할 수 있게 돕는 서비스.

토론

어릴 적 선거 교육 여든까지 간다

지방에 있는 선거관리위원회는 초등학생들을 대상으로 민주주의의 교육을 위한 '선거 체험 교실'을 연다.

체험 교실에서는 미래 유권자인 초등학생들에게 국민의 권리인 동시에 의무인 투표의 중요성을 가르친다. 참여 학생들은 가상으로 공직 선거 후보자로 등록하는 절차부터 투·개표 참여, 당선증 수여 등 후보자 또는 유권자의 입장에서 선거의 모든 과정을 체험한다. 학생들은 또 부모님에게 투표 참여를 안내하는 서약서에 서명하는 시간도 가진다. 대다수 학생들은 선거 체험 교실을 통해 투표의 소중함을 알게 된다.

학교에서는 또 학기 초에 학생회 임원을 뽑는 선거 공개 토론회를 열어 학생들의 선거에 대한 관심을 높이기도 한다. 토

▲'선거 체험 교실'에 참여해 투표하는 초등학생들.

론회는 후보자의 선거 공약 발표가 끝난 뒤 후보자별 개인 질문과 공통 질문으로 이어진다. 후보자마다 제한 시간 동안 질문에 답하느라 진땀을 흘리기도 한다. 후보자와 유권자 모두 선거와 공개 토론회가 낯설지만, 참여 열기만큼은 어른들에 뒤지지 않는다.

세계일보 기사 등 참조

이런 뜻이에요
선거관리위원회 선거와 국민 투표를 공정하게 관리하고, 정당에 관한 사무를 처리하기 위해 만든 국가 기관.

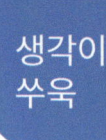

1 3월에는 학교에서 학급 임원을 뽑는 선거가 있어요. 학급 임원 선거와 국회의원 선거를 비교해 같은 점과 다른 점을 찾으세요.

| 학급 임원 선거 | | 국회의원 선거 |

2 국회의원이나 대통령 선거의 투표율을 높이는 데 필요한 표어를 하나만 만드세요.

☞예를 들면 '투표하는 당신이 아름답습니다' 등.

3 기사에 나온 그래프의 내용이 어떤 상황을 말하는지 1분 동안 설명하세요.

생각이 쑤욱

4 선거의 4원칙과 그에 어긋나는 행동을 모았습니다. 어떤 원칙에 어긋나는 행동인지 연결하세요.

내가 하기 귀찮아 친구에게 대신 투표하게 한다.	●	●	보통선거
가장 힘센 친구한테 공개적으로 표를 준다.	●	●	평등선거
어떤 친구에게는 두 표, 어떤 친구에게는 한 표만 투표권을 준다.	●	●	직접선거
남자에게만 투표권을 준다.	●	●	비밀선거

머리에 쏘옥

선거의 네 가지 기본 원칙

법으로 정해진 선거의 네 가지 원칙은 보통선거, 평등선거, 직접선거, 비밀선거예요.

보통선거는 일정한 나이가 되면 국민 모두에게 투표할 수 있는 권리를 주는 것을 말해요. 평등선거는 재산, 신분, 교육, 종교, 성별 등의 조건에 관계없이 한 사람이 한 표만 투표할 수 있어요. 직접선거는 선거인이 어떤 후보자를 직접 뽑는 것이며, 비밀선거는 자신이 누구에게 투표했는지 다른 사람들에게 밝히지 않을 수 있는 권리가 주어지는 것입니다.

5 선거 때면 인기 대중가요를 이용해 만든 '선거송'을 들을 수 있어요. 다음 동요의 노랫말을 바꿔 투표에 꼭 참여하자는 선거송을 만드세요.

둥근 해가 떴습니다

둥근해가 떴습니다 자리에서일어나서
제일먼저이를 닦자 윗니아랫니닦 자
세수할때는 깨끗이 이쪽저쪽목닦고
머리빗고옷을 입고 거울을봅니 다
꼭꼭씹어밥을 먹고 가방메고인사하 고
유치원에갑니 다 씩씩하게갑니 다

생각이 쑥쑥

머리에 쏘옥

투표율 낮으면 민주주의가 위기에 빠져

6 다음 기사를 참고해 투표율을 높이기 위한 방법을 한 가지만 내 보세요.

전국의 각 지역 선거관리위원회(선관위)가 투표율을 끌어올리기 위해 온갖 기발 한 아이디어를 동원하고 있다. 지방의 한 선관위는 투표함이 설치된 관내 73개 투표소에 3만 송이의 장미꽃을 준비한다. 선관위는 이른 아침에 투표하는 시민과 경비 경찰 등에게 장미꽃 한 송이씩을 나눠 준다.

현대 사회에서는 나라의 일을 결정할 때마다 모든 국민이 참여할 수 없지요. 그래서 국민들이 자신을 대신할 대표자를 뽑아 나라의 일을 맡기는 간접 민주주의를 실시한답니다. 대표자는 선거를 통해 뽑습니다. 우리나라는 지금 만 19세 이상이면 선거에 참여해 투표할 수 있습니다. 그런데 투표율이 너무 낮으면 선거에 뽑힌 대표자들이 국민을 대표한다고 볼 수 없지요. 법을 어기거나 자기 이익만 챙기는 사람들이 대표자로 뽑힐 수도 있습니다. 그리고 나를 대신하는 대표자가 내 의사와는 다르게 일을 처리할 수도 있습니다. 이렇게 되면 민주주의가 위기에 빠집니다. 그러니까 투표권을 포기하면 안 된답니다.

7 투표율이 낮으면 왜 민주주의에 위기가 닥칠까요?

행복한 논술

선거에 참여하는 것은 우리 대표자를 뽑는 국민의 권리이자 의무입니다. '나 하나쯤 빠져도 된다'는 생각으로 투표에 참여하지 않으면 나라의 주인임을 포기하는 것입니다. 나를 대신해 나라의 일을 할 대표자가 될 만한 후보의 됨됨이를 꼼꼼하게 따져 본 뒤 투표에 꼭 참여하는 것이 민주 시민이 되는 첫걸음이랍니다.

 국회의원이나 대통령 등을 뽑는 선거일에 투표를 하지 않고 여행을 가려는 유권자 어른들에게 선거의 중요성과 투표를 꼭 해야 하는 이유를 알려 주세요(500~600자).

08 빙하가 다 녹으면 어떻게 될까

▲북극 가까이에 있는 미국 알래스카 지역의 빙하가 녹아내리고 있다.

　지구 온난화 속도가 빨라지며 2055년이면 세계의 빙하가 모두 녹아 없어질 수 있다고 합니다. 빙하가 녹으면 해수면이 높아져서 섬이나 낮은 지대가 물에 잠겨 피해를 당합니다. 빙하가 왜 녹는지 알아보고, 빙하를 지킬 수 있는 방법을 탐구합니다.

▣ 이런 걸 공부해요

이슈 빙하 녹는 속도가 빨라지고 있다

◆ 이대로 가면 2055년에 지구 빙하 모두 사라져
◆ 온실가스가 빙하 녹이는 주범

토론 온실가스 배출을 줄이는 방법

◆ 에너지 절약하고 학용품 등 물건 아껴 써야
◆ 물에 잠긴 섬나라 키리바시 국민 탈출 줄이어

빙하 녹는 속도가 빨라지고 있다

이대로 가면 2055년에 지구 빙하 모두 사라져

미국 항공우주국(NASA, 나사)은 2016년에 북극의 빙하가 사상 최저 수준으로 줄어들었다고 밝혔다. 나사에 따르면 2016년 1월부터 3월까지 3개월 동안의 지구 평균 기온이 기상을 관측하기 시작한 1880년 이후 가장 높았기 때문이다.

나사는 또 이러한 고온이 지속되면 2055년에는 지구 빙하가 완전히 사라질 것으로 내다봤다.

빙하가 녹는 원인은 지구 온난화가 심해져서 평균 기온이 높아졌기 때문이다.

빙하가 녹은 물이 바다로 흘러들면, 해수면이 높아져 섬이나 바닷가 주변 등 낮은 지대가 물에 잠긴다. 태평양의 섬나라인 투발루와 키리바시는 2001년부터 섬의 일부가 물에 잠겨 국민들이 외국으로 탈출하고 있다. 땅이 물에 잠기면 농사를 짓거나 사람이 살 땅이 줄어들고, 호수와 지하수에 바닷물이 섞여서 식수로 쓸 물도 사라진다.

▲1979년과 2005년의 북극 빙하 모습. 빙하의 크기가 크게 줄었다.

북극과 남극뿐만 아니라 중국과 남아메리카의 높은 산에 쌓인 빙하도 빠르게 녹고 있다. 네팔과 인도 국경선에 있는 에베레스트산(8848미터)의 빙하도 1970년부터 2010년 사이 28퍼센트나 사라졌다. 이처럼 고산 지대의 빙하가 녹을 경우 홍수나 산사태가 나서 산 아래에 사는 사람들이 피해를 당한다.

소년한국일보 기사 등 참조

이슈

온실가스가 빙하 녹이는 주범

빙하는 눈이 오랫동안 쌓여 다져지면서 두꺼운 얼음층으로 변한 것이다. 빙하의 면적은 지구 표면의 10퍼센트 정도인데, 모두 녹으면 지구 전체 민물의 4분의 3을 차지한다.

빙하를 녹이는 지구 온난화는 주로 이산화탄소나 메탄가스 등 온실가스가 증가해 일어난다. 이산화탄소는 석유나 석탄 등 화석 연료를 태울 때 많이 발생하고, 메탄가스

▲빙하가 녹아 남극 바다에 떠다니는 모습.

는 소나 돼지 등의 가축이 주로 배출한다. 온실가스는 우주로 달아나는 태양열을 붙잡아 평균 기온을 유지하는 온실효과를 내지만, 너무 많아지면 기온을 밀어 올린다.

빙하가 사라지면 지구 기온은 더욱 빠르게 상승하게 된다. 빙하가 바닷물보다 태양열을 반사하는 정도가 8배나 높은데, 빙하가 녹아 늘어난 바닷물이 태양열을 더 많이 흡수하기 때문이다.

빙하가 사라지면 물 부족 때문에 시달리는 곳도 늘어난다. 고산 지대의 빙하는 봄이면 녹아서 산 아래에 사는 사람들의 식수와 농사용수로 사용되기 때문이다.

▲빙하가 녹아 땅이 드러난 중국의 고산 지역.

빙하가 사라지면 바닷물의 순환도 멈춰 더운 곳은 더 더워지고 추운 곳은 더 추워진다. 남극과 북극에 빙하가 있기 때문에 그곳의 빙하가 녹아 바다로 흘러 들어가 차가워진 바닷물이 바다 밑으로 가라앉고, 열대 지방의 따뜻한 바닷물이 극지방으로 이동하면서 열을 고르게 퍼뜨리기 때문이다.

동아일보 기사 등 참조

온실가스 배출을 줄이는 방법

에너지 절약하고 학용품 등 물건 아껴 써야

빙하가 사라지는 것을 막으려면 온실가스 배출을 줄여야 한다. 온실가스를 줄이려면 화석 연료로 만드는 전기를 아껴야 한다. 에어컨 대신 전기 사용량이 적은 선풍기를 사용하되, 에어컨을 쓰더라도 적정 온도(섭씨 26~28도)에 맞출 경우 전기 사용량을 줄일 수 있다. 전기제품을 살 때는 에너지 효율 등급이 높은 것을 고른다. 쓰지 않는 전기제품 코드는 뽑아둔다.

자가용 대신 대중교통을 이용해도 온실가스를 줄일 수 있는데, 대중교통은 한꺼번에 많은 사람을 태울 수 있기 때문이다. 자동차에서 내뿜는 온실가스는 전체 배출량의 14퍼센트를 차지한다.

학용품도 아껴 쓴다. 물건을 만들 때마다 온실가스가 배출되기 때문이다. 한 번 산 물건은 끝까지 쓰고, 필요 없는 물건은 사지 않는다. 종이는 양면을 사용한다.

일회용품 사용을 줄이는 것도 좋은 방법이다. 비닐이나 플라스틱, 종이컵을 만들 때 온실가스가 많이 나오기 때문이다. 종이컵 대신 개인 컵을 쓰고, 휴지 대신 손수건을 사용한다. 어쩔 수 없이 소비한 일회용품은 재활용할 수 있도록 분리해 배출한다.

빙하가 녹으면서 일어나는 기상 이변으로 우리나라도 피해를 당할 수 있다는 사실을 널리 알리는 일도 중요하다.

▼시민 단체에서 극지방의 빙하 녹는 속도가 빨라졌다는 사실을 알리고 있다.

▲한 의류 회사가 서울 한강 난지공원에서 남극 빙하를 지키고 펭귄을 보호하자는 캠페인을 벌이고 있다.

어린이동아 기사 등 참조

토론

물에 잠긴 섬나라 키리바시 국민 탈출 줄이어

키리바시는 땅의 평균 높이가 3미터가 안 된다. 해수면이 1년에 1.2센티미터씩 계속 높아져서 물에 잠기는 집이 많다. 식수원인 호수도 바닷물에 잠겨 빗물을 받아 끓여 마시는 형편이다. 농사짓는 땅에도 바닷물이 스며들어 농작물을 심어도 말라죽기 일쑤다.

'물의 도시'로 유명한 이탈리아의 베네치아는 지난 60여 동안 홍수 피해로 몸살을 앓고 있다. 해수면 상승으로 물에 잠기는 지역이 계속 늘어나기 때문이다. 지은 지 800년이 넘은 건물들이 물에 잠겨 뒤틀리거나 기울어진 상태다. 1960년대 베네치아의 주민은 12만 명이었지만 이제 절반으로 줄었다.

높은 산이 많아 빙하를 이룬 중앙아시아 지역도 피해가 심하다. 평균 고도가 3000미터인 톈산산맥의 빙하가 녹아 해마다 홍수와 산사태를 일으킨다. 이 산맥 근처에 있는 주요 도시에서는 2015년 한 해에만 봄철 홍수로 100여 명이 죽었다.

빙하가 녹아 가뭄으로 고통을 겪는 지역도 있다. 아프리카의 탄자니아와 케냐의 국경 지역에 있는 킬리만자로산(5895미터)의 빙하는 1912년 이후 85퍼센트가 사라졌다. 이에 따라 빙하가 녹은 물에 의지해 살던 동식물 수도 크게 줄어 생태계가 파괴되고 있다.

어린이동아 기사 등 참조

▼해수면이 높아져 마당까지 물에 잠긴 키리바시의 집.

▲물에 잠긴 베네치아광장을 지나가는 시민들.

이런 뜻이에요

톈산산맥 중국과 키르기스스탄 등 4개 나라에 걸쳐 있는 산맥.
킬리만자로산 아프리카 대륙에서 가장 높은 산.

생각이 쑥쑥

1. 빙하와 빙산을 구분해 보세요.

2. 빙하가 녹는 속도가 왜 빨라졌나요?

3. 빙하가 사라지면 어떤 일이 벌어질지 세 가지만 말해 보세요.

머리에 쏘옥

빙하와 빙산

빙하는 눈이 뭉쳐져 만들어진 매우 큰 얼음덩어리입니다. 빙하는 밑에서 끌어당기는 힘 때문에 천천히 아래쪽을 향해 내려간답니다. 빙하가 바다에 이르러 떨어져 나간 것을 빙산이라고 합니다.

빙하와 해수면

▲물 위로 드러난 빙산은 전체의 10분의 1정도다.

북극의 빙하는 대부분 바다에 떠 있는 얼음이라 녹아도 물이 늘어나지 않습니다.

컵에 얼음을 넣고 잰 물의 높이와 얼음이 녹은 뒤 잰 물의 높이가 같은 원리입니다. 컵에 떠 있던 얼음이 녹아 물이 되면 부피가 줄어 물에 잠겼던 얼음의 부피만큼만 채우기 때문입니다.

그런데 남극의 빙하는 대륙 위에 쌓인 얼음이어서 녹으면 물이 바다로 흘러 들어서 바닷물의 높이가 올라간답니다. 더구나 남극의 빙하는 두께가 2000미터나 돼 모두 녹았을 때 전체 바닷물의 높이가 60미터쯤 높아진답니다.

고산 지대의 빙하도 남극의 빙하처럼 땅 위에 쌓인 얼음이므로 바닷물의 높이를 상승시킵니다.

생각이 쑤욱

4 북극의 바다를 덮은 빙하보다 남극이나 높은 산 지역의 빙하가 녹아 바다로 흘러 들면 더 위험한 까닭은 무엇인가요?

머리에 쏘옥

빙하와 북극곰

전문가들에 따르면 지금 이 속도로 빙하가 녹으면 북극곰의 수가 앞으로 30퍼센트 이상 줄어들 것이라고 합니다. 북극곰이 살 터전을 잃어버리기 때문입니다.

북극곰은 빙하에 몸을 숨기고 먹이를 사냥하는데, 빙하가 없으면 사냥에 성공할 확률이 떨어집니다. 그리고 빙하가 녹은 상태에서 먹이를 구하려면 먼 거리를 헤엄쳐야 하는데, 중간에 지쳐서 물에 빠져 죽기 때문이죠.

또 먹잇감인 바다사자와 물개가 줄어든 것도 큰 이유 가운데 하나입니다. 바다사자와 물개는 작은 빙산 조각이 많이 모인 곳에 사는데, 지구 온난화로 빙산 조각이 사라지며 함께 모습을 감춰버린 것이지요.

5 아래 사진은 굶주려서 뼈가 앙상하게 드러날 정도로 마른 북극곰이 거의 다 녹은 빙하 위에 위태롭게 서 있는 모습입니다. 이 북극곰이 왜 이런 상황에 내몰렸을지 말해 보세요.

생각이 쑤욱

6 내가 생활하면서 온실가스 배출을 줄일 수 있는 방법을 아는 대로 들어봐요.

7 해수면이 높아져 고통을 당하는 투발루의 대표가 유엔 회의에 참석해 빙하를 지켜 달라고 1분 동안 연설하려고 해요. 여러분이 대신 원고를 써 주세요.

▲투발루의 총리가 기후 변화에 따른 지구의 위기를 담은 선언문을 낭독하고 있다.

머리에 쏘옥

기후 난민

지구 사막화와 가뭄, 홍수 등 때문에 다른 나라나 지방으로 떠도는 사람들이 많습니다. 이들을 기후 난민이라고 부르지요.

섬나라인 피지나 투발루는 해수면 상승으로 국토 포기를 선언했습니다. 이 나라들은 선진국들에게 온실가스 배출을 줄여 달라고 요구하고 있습니다.

국제 환경 단체들도 과거에 온실가스를 많이 배출해 지구 온난화에 책임이 있는 선진국들이 이들 기후 난민을 받아 주거나 경제적으로 도와야 한다고 주장합니다.

▲홍수로 집을 잃은 파키스탄 난민들.

행복한 논술

온난화가 이대로 지속될 경우 2055년이면 지구에서 빙하가 사라질 수 있다고 합니다. 지구 온난화가 빨라지는 까닭은 화석 연료의 사용으로 온실가스 배출이 늘어났기 때문입니다. 빙하가 녹으면 해수면이 상승해 물에 잠기는 곳이 늘고, 지구 곳곳에 홍수나 가뭄 등 이상 기후가 나타나 피해를 일으킵니다. 빙하를 지키려면 온실가스 배출을 줄여야 합니다. 전력 낭비를 막고, 자가용보다는 대중교통을 이용하면 온실가스를 줄일 수 있습니다. 물건을 아껴 쓰고 일회용품 사용을 자제하는 것도 좋은 방법입니다.

 빙하가 녹는 속도가 갈수록 빨라지는 까닭을 설명하고, 빙하를 지킬 수 있는 방법을 말해 보세요(500~600자).

09 조선왕릉 비싸게 파는 방법

▲ 2009년 세계문화유산에 등재된 서울과 경기·강원 일대의 조선왕릉 40기.

유네스코 세계문화유산에 오른 우리나라의 문화재는 2015년에 등재된 백제역사유적지구 등 12가지입니다. 조선 시대의 왕과 왕비의 무덤인 조선왕릉 40기는 2009년에 세계문화유산이 되었지요. 세계문화유산 가운데 조선왕릉이 어떤 가치를 지녔으며, 우리 문화유산이 왜 소중한지 탐구합니다. 조선왕릉을 관광 자원으로 활용하는 방안과도 알아봅니다.

이런 걸 공부해요

이슈 세계문화유산 조선왕릉의 가치를 알자
- ◆ 600년 동안 보존 완벽… 건축·조형 양식 높게 평가

토론 조선왕릉 세계인에게 보여 주자
- ◆ 고궁과 왕릉 연계한 관광 상품 개발 가치 충분
- ◆ 나라마다 세계유산 관광 자원화… 보호 장치 철저

이슈: 세계문화유산 조선왕릉의 가치를 알자

600년 동안 보존 완벽… 건축·조형 양식 높게 평가

조선왕릉은 조선 시대 역대 왕들의 무덤인데, 2009년에 유네스코 세계문화유산으로 등재되었다. 태조 이성계(재위 1392~98)의 건원릉부터 마지막 황제인 순종(재위 1907~10)의 효릉까지 40기의 왕릉이 모두 인류의 소중한 문화유산이 된 것이다. 유네스코는 40기나 되는 왕릉 모두 600년 동안 완벽하게 보존된 점을 높이 평가해 세계문화유산에 올렸다.

조선 시대에는 모두 27명의 왕이 있었다. 그러나 자손이 왕이 됨에 따라 왕이 되지 못하

이슈

고 죽은 이에게 왕의 칭호를 올린 경우도 있고, 왕비의 무덤도 이에 포함되어 42기가 되었다. 이들 왕릉 가운데 북한 개성에 있는 제릉과 후릉을 제외한 서울과 경기, 강원 지역의 왕릉 40기가 세계유산으로 등재되었다.

　조선왕릉은 세종의 무덤인 영릉과 단종의 무덤인 장릉을 빼고는 국법에 따라 한양을 중심으로 10리(4킬로미터) 밖 100리 안에 있다.

소년한국일보 기사 등 참조

토론

조선왕릉 세계인에게 보여 주자

고궁과 왕릉 연계한 관광 상품 개발 가치 충분

정부는 2009년 조선왕릉이 세계문화유산에 등재되었을 때 종묘와 창덕궁, 조선왕릉을 한데 묶어 조선 왕실의 문화와 역사를 체험할 수 있는 관광 상품을 개발할 계획이라고 밝혔지만, 아직 이뤄지지 않고 있다.

전문가들은 임진각과 한탄강을 비무장지대(DMZ) 관광 거점으로 만들고, 각 지역의 관광 거점과 조선왕릉을 연결하는 관광

▲ 경기도 양주의 홍릉. 세계문화유산 등재를 계기로 왕릉을 관광 상품으로 개발하려는 노력이 활발하다.

자원을 개발할 필요가 있다고 말한다. 이렇게 되면 남북한의 관계가 나아질 경우 판문점을 거쳐 북한을 관광하거나, 반대로 북한으로 들어가 남한을 관광하는 상품도 개발이 가능하다는 것이다.

한국관광공사는 조선왕릉의 보존 상태가 좋은데다, 여기에 흥미로운 역사적 이야기나 스토리를 곁들이면 관광 상품으로서 경쟁력이 충분하다고 보고 있다. 특히 쇼핑과 음식 관광과 함께 세계유산을 꼭 둘러보는 일본 관광객들의 여행 습관을 생각하면 더욱 그렇다는 것이다. 한국관광공사에서 2012년 외국인을 대상으로 조선왕릉을 포함해 우리나라의 세계유산을 순례하는 상품을 내놓기는 했으나, 조선왕릉이 중심이 되지는 않았다.

이에 따라 조선왕릉이 집중되어 있는 경기도나 서울시 노원구 등 일부 지방자치단체들이 자기네 지역의 왕릉을 중심으로 관광 상품을 개발해 내놓는 수준에 그치고 있다. 일부 관광사들도 왕릉의 일부를 관광하는 상품을 부정기적으로 출시하고 있다.

머니투데이 등 기사 참조

이런 뜻이에요

종묘 조선 시대 왕과 왕비의 위패(죽은 사람의 이름이 적힌 나무패)를 모셔 놓고 제사를 지내는 곳.
창덕궁 1405년에 지은 조선 시대의 궁궐. 서울시 종로구에 있다.
임진각 북한에서 내려와 고향을 잃은 사람들을 위해 1972년 남한에서 지은 전망대. 경기도 파주시 문산읍 마정리에 있다.
비무장지대(DMZ) 군대의 주둔이나 무기 배치 등 무장이 금지된 지역. 휴전선을 중심으로 남북 2킬로미터씩의 구간을 말한다.

토론

나라마다 세계유산 관광 자원화… 보호 장치 철저

　일본은 문화재를 발굴하는 중에도 관광객들을 현장에 초대할 정도로 유적을 관광 자원으로 적극 활용한다. 지역 주민들은 관광객들에게 번 수익으로 문화재 관리를 지원한다.

　중국의 유명한 관광지 중심에는 세계문화유산이 자리하고 있다. 그리고 이 지역을 중심으로 교통이 발달하고, 숙박시설과 쇼핑시설도 몰려 있다. 중국은 문화유산을 관광산업 등 경제 발전에 최대한 활용하지만, 훼손될 위험이 있거나 보호 장치가 없으면 공개하지 않는다. 그러나 관광 자원으로 가치가 크면서도 보존에 지장이 없는 문화유산은 다양한 행사를 통해 활발하게 홍보를 펼쳐 외국 관광객을 끌어들인다. 많은 돈을 받고 유물들을 해외에 임대하기도 한다. 중국은 또 웅장하고 규모가 큰 문화유산을 점진적으로 개발하고 공개해 다시 찾는 관광지로 만들고 있다.

　세계문화유산을 가장 많이 보유한 이탈리아도 시민들이 문화재 보호에 적극적이다. 수백 년 된 대법원의 외벽 청소 작업이 도시의 풍치를 훼손한다는 주민 반발로 중단될 정도다.

　프랑스는 고층 건물 건설로 파리 도심의 문화유산이 파괴될 것을 우려해 1980년대 파리 주변에 아예 신도시를 세워 개발도 하고 문화유산도 보존하는 아이디어를 발휘했다.

머니투데이 등 기사 참조

▲ 세계 각국의 세계문화유산. 나라마다 세계문화유산을 관광 자원으로 적극 활용하고 있다.

생각이 쏘옥

1 세계문화유산으로 등재되면 어떤 점이 좋은지 아는 대로 들어보세요.

2 왕릉과 왕 이름, 왕릉이 있는 지역을 서로 맞게 연결하세요.

건원릉 ● ● 정조 ● ● 구리

명릉 ● ● 세조 ● ● 화성

건릉 ● ● 태조 ● ● 남양주

광릉 ● ● 숙종 ● ● 고양

3 조선왕릉이 거의 모두 서울과 경기 지역에 몰려 있는 까닭은 무엇일까요?

머리에 쏘옥

세계유산으로 등재되면 좋은 점

세계유산이란 유네스코(UNESCO)가 1972년 만든 세계유산협약에 따라 인류 전체를 위해 보호해야 할 뛰어난 가치가 있다고 인정한 유산을 말합니다. 문화유산, 자연유산, 복합유산(문화유산+자연유산) 등 세 가지로 나뉩니다.

세계유산에 오르면 재난을 갑자기 당해 유산이 훼손될 위험에 빠질 경우 세계유산기금의 기술 지원과 재정 지원을 받을 수 있습니다. 또 관광객이 늘어나고 국가의 이미지도 좋아지게 되지요.

▲ 조선 시대 왕과 왕비의 위패를 모신 종묘.

조선왕릉이 서울과 경기도에 모여 있는 까닭

강원도 영월로 쫓겨나서 비극적인 죽음을 맞은 단종의 장릉(사진)을 뺀 조선왕릉 39기는 서울과 경기도 지역에 모여 있습니다. 이는 왕이 왕릉에서 제사를 올리기 위한 행차를 하루에 다녀올 수 있도록 고려했기 때문이랍니다.

생각이 쑤욱

4 500년 동안 지속된 왕조의 무덤이 온전하게 보존된 사례는 세계적으로 조선왕릉이 유일하다고 해요. 조선왕릉은 다른 왕릉과 달리 도굴도 거의 없다고 하는데 그 이유는 무엇일까요?

머리에 쏘옥

조선 시대 왕릉이 건재한 이유

　조선 시대의 왕릉은 사후의 왕을 모시는 또 하나의 궁궐이었습니다. 따라서 주변 마을 사람들은 왕릉에 대한 많은 의무를 지고 있었어요. 송충이 등 벌레를 잡기도 하고, 능에 있는 잡목을 정리하기도 했으며, 겨울에는 눈도 치워야 했답니다.
　왕릉 자체의 견고함도 도굴을 막았습니다. 석실 부재들의 이음매는 대형 철제 고리로 고정했고, 입구에 이중 돌빗장을 채웠습니다. 석실 사방에는 석회와 모래·자갈 반죽을 두껍게 둘러쳤습니다. 부장품을 모조품으로 넣은 것도 도굴을 막은 요인입니다.

5 우리나라의 세계문화유산 후보를 하나 선정해 다음 유네스코 세계유산회의에 추천하려고 해요. 세계유산에 꼭 등재될 수 있도록 추천서를 써 보세요.

추천하는 문화유산

추천하는 이유

생각이 쑤욱

6 조선왕릉을 국내외에 널리 알리고 관광객을 많이 끌어들일 수 있는 아이디어를 다섯 가지만 내 보세요.

☞예)외국 신문에 광고를 낸다/왕릉마다 능의 역사를 설명하고 안내하는 지능형 로봇을 둔다 등.

7 정부가 조선왕릉과 궁궐을 연결하는 관광 상품을 개발 중이랍니다. 여러분이 관광업자라면 조선왕릉과 우리나라의 다른 역사 유적을 연계해 어떤 관광 상품을 만들고 싶은지 '대박 상품'을 한 가지만 개발해 1분 동안 설명하세요.

머리에 쏘옥

514년간 도성 역할한 한양도성

조선을 세운 태조 이성계는 북한의 개성에서 지금의 서울인 한양으로 수도를 옮긴 뒤 궁궐을 지었다. 그리고 궁궐을 중심으로 서울 종로구 일대에 자연물인 돌 등을 이용해 둥글게 성을 쌓아 궁궐을 보호했다. 1396년(태조 5) 공사를 끝마쳤는데, 둘레는 약 18.2킬로미터에 이른다. 성곽에는 흥인지문(동대문), 돈의문(서대문), 숭례문(남대문), 숙청문(북대문) 등 사대문을 냈다.

임진왜란(1592~98) 때 참변을 당해 성곽이 많이 없어졌다. 1974년 이후 복원이 시작되어 약 70퍼센트쯤 성벽이 회복되었다.

세계의 수도들 가운데 가장 긴 기간인 514년(1396~1910) 동안 도성 역할을 했고, 자연 친화적으로 쌓은 점 등은 세계유산의 가치로 높은 평가를 받을 수 있다.

▲한양도성의 일부.

> 행복한
> 논술

세계문화유산에 등재된 조선왕릉 40기는 우리 문화가 세계적으로 우수하다는 사실을 증명하는 것입니다. 하지만 조선왕릉은 이제 우리 것만이 아니라 인류의 문화유산이니 이를 잘 관리하고 보존해야 하는 책임이 큽니다. 그리고 이를 세계에 널리 알리고, 외국처럼 왕릉과 주변의 경관을 해치지 않으면서 관광 자원으로 적극 활용하는 지혜도 필요해요.

 해외 관광객을 많이 모으기 위해 세계문화유산인 조선왕릉을 알리는 광고를 신문에 내려고 해요. 관광객들이 조선왕릉을 한눈에 이해할 수 있고, 빨리 보고 싶도록 광고 내용을 작성하세요(500~600자).

10 사라지는 '착한 사마리아인'

▲교통사고를 당한 고등학생을 구하기 위해 시민들이 힘을 합쳐 차를 들어올리고 있다.

　우리 사회에서 갈수록 위험에 빠진 사람을 모른 척하고 돕지 않는 사람이 증가하고 있습니다. 이런 사람들이 많을수록 서로 믿을 수 없는 분위기가 만들어져 자신도 같을 일을 당할 수 있습니다. 위험에 빠진 사람을 돕지 않는 까닭을 알아보고, 다른 사람을 구조해야 하는 이유도 공부합니다.

이런 걸 공부해요

이슈 남의 위험 모른 척하는 사람 많다

◆ 범죄 현장 나 몰라라… 학교 폭력도 절반이 외면
◆ 위험에 빠진 사람을 왜 돕지 않을까

토론 내 이익과 이웃의 이익 다르지 않아

◆ 이웃 위험 방관할수록 손해라는 점 배워야
◆ 초등학생도 위험에 빠진 이웃 구할 수 있어

이슈

남의 위험 모른 척하는 사람 많다

범죄 현장 나 몰라라… 학교 폭력도 절반이 외면

옛날 이스라엘에서 한 유대인이 길을 가다가 강도를 만나 크게 부상을 당했다. 같은 유대인들은 그를 외면한 채 지나쳤다. 그런데 평소 유대인들에게 천대 받던 사마리아인 가운데 한 명이 그를 구해 줬다.

신약성서에 나오는 '착한 사마리아인'에 관한 얘기다. 우리나라는 사마리아인과 달리 위험에 빠진 사람을 외면하는 사람들이 많다. 최근 경기도 부평에서는 새벽에 길을 가던 남녀 두 사람이 청년들에게 이유 없이 폭행을 당하는 사건이 벌어졌다. 하지만 주변에 수십 명이 있었는데도, 누구 하나 폭행을 말리거나 경찰에 신고하지 않았다. 학교에서도 마찬가지다. 반 친구가 괴롭힘을 당하는데 절반 이상이 보고도 모른 척한다.

▲내 일이 아니면 무관심한 사람이 증가하고 있다.

▲학교 폭력을 목격하고도 모른 척하는 학생이 절반을 넘는다.

이에 따라 한 국회의원이 위험에 빠진 사람을 보고도 구하지 않은 사람에게는 벌을 주는 법을 만들자고 국회에 내놓기도 했다. 이것이 '착한 사마리아인의 법'이다.

다른 사람의 위험을 외면하는 사람이 많을수록 내가 피해를 당할 가능성은 더 커진다. 그리고 개인의 손해뿐 아니라 사회의 손해도 증가한다. 작은 일에도 경찰이 일일이 출동해야 하고, 초기에 도움을 주면 줄일 수 있는 피해를 키우기 때문이다.

문화일보 기사 등 참조

이런 뜻이에요

신약성서 기독교의 경전. 예수 그리스도의 말과 행동, 그리고 그의 제자들이 기독교를 알리기 위해 활동한 내용 등이 실려 있다.

이슈

위험에 빠진 사람을 왜 돕지 않을까

한 신문사에서 최근 조사한 결과에 따르면, 우리 국민은 위험에 빠진 사람을 발견했을 때 85퍼센트(100명 가운데 85명)가 못 본 척하고 그냥 지나친다. 주로 '남을 돕다가 자신도 위험에 빠질까봐'(43퍼센트) 그렇다. 또 '경찰에서 사건을 조사할 때 나오라고 하는 등 귀찮은 일이 생길까봐' 또는 '나와 상관없는 일이라고 생각해서'도 그 이유다.

다른 사람의 아픔에 공감하는 능력이 떨어지는 점도 문제다. 위험한 상황에 놓인 사람을 보면서도 그 사람이 당하는 고통이나 두려움을 느끼지 못해 도와야겠다고 생각하지 못하는 것이다.

무엇보다 중요한 것은 다른 사람에게 무관심해졌기 때문이다. 이러한 무관심은 자기 이익 외에는 중요하게 생각하지 않는 개인주의가 강해져서 그렇다. 그런데 개인과 이웃은 공동체 안에서 서로 도움을 주고받으며 의존하는 관계를 맺고 있다. 예를 들면 위험에 빠진 이웃을 돕는 일은 미래의 자신을 돕는 일과 같다. 낯선 사람이 물에 빠졌을 때 그를 구하기 위해 물에 뛰어드는 사람이 많을수록, 내가 위험에 빠졌을 때 다른 사람이 구해 줄 가능성도 크기 때문이다. 따라서 개인주의는 존중 받아야 하지만, 내가 공동체의 일부라는 점도 생각해야 한다.

소년한국일보 기사 등 참조

▲자신과 이웃이 전혀 상관이 없다는 개인주의 때문에 폭력 현장을 보고도 외면하는 사람들이 많다.

내 이익과 이웃의 이익 다르지 않아

이웃 위험 방관할수록 손해라는 점 배워야

서로 돕는 일이 당연하게 일어나는 사회에서는 누구나 필요할 때 도움을 받을 수 있다. 자신이 피해를 당할까봐 두려워서 다른 사람의 위험을 외면하는 행위는 자신을 진정으로 보호하는 방법이 아니다. 자기가 피해자가 되었을 때 아무도 돕지 않는 상황에 놓일 수 있기 때문이다. 학교 폭력도 마찬가지다. 방관하면 자기도 당한다.

내가 아니더라도 누군가 돕겠지 하는 소극적인 마음도 가지면 안 된다. 주위에 지켜보는 사람이 많을수록 책임감이 약해져 실제로 도움을 줄 가능성이 더 줄어들기 때문이다.

개인의 이익과 이웃의 이익이 다르지 않다는 공동체 정신을 강화하는 일도 중요하다. 위험을 무릅쓰고 다른 사람을 구조한 사례를 교과서에 많이 실어 남을 돕는 일이 가치가 큰 행동

▲시민들이 지하철에 다리가 끼인 사람을 구조하기 위해 힘을 합친 모습.

임을 가르쳐야 한다. 어렸을 적부터 학교에서 공감 능력을 키우는 교육도 필수다. 위험에 빠진 사람의 입장에서 어떤 도움이 필요할지 생각해 보는 것이다.

나라에서는 남을 돕는 사람이 손해를 보지 않도록 법을 강화해야 한다. 남을 돕다가 다친 경우 치료비도 충분히 지원하고, 장애를 당하거나 목숨을 잃으면 아낌없는 보상도 하는 것이다. 남을 구하는 과정에서 가해자에게 상처를 입힌 경우 책임도 묻지 말아야 한다.

소년한국일보 기사 등 참조

토론

초등학생도 위험에 빠진 이웃 구할 수 있어

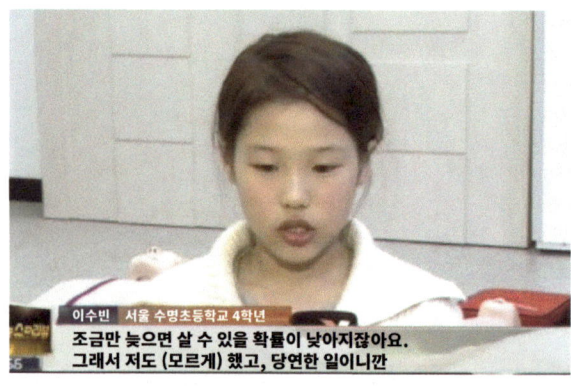

▼심폐소생술로 어른의 생명을 구한 이수빈 양.

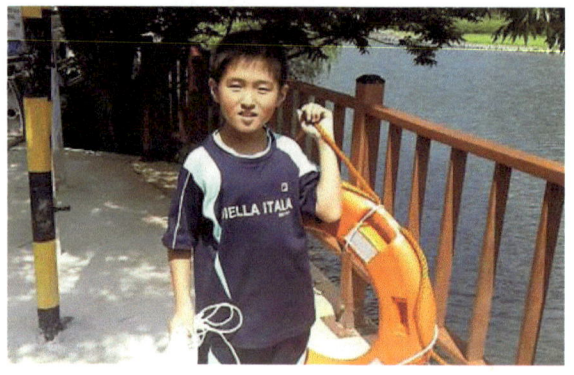

▲구명환을 던져 저수지에 빠진 어른 3명을 구한 배진성 군.

위험에 빠진 사람을 돕는 일은 어른들만 할 수 있는 게 아니다.

서울 강서구 수명초등학교 4학년 이수빈 양은 2015년 4월 정신을 잃은 이웃 어른의 생명을 구했다. 이 양이 엄마와 장을 보기 위해 집을 나서서 아파트 단지를 지날 무렵 "도와 달라!"는 목소리가 들려서 달려갔다. 그곳에는 50대 남성이 정신을 잃고 쓰러져 있었고, 어른들은 어쩔 줄 몰라 발을 굴렀다. 이 양은 마침 그날 배운 심폐소생술을 떠올렸다. 이 양이 심폐소생술을 1분쯤 하자 그 남성은 숨을 쉬면서 정신을 차렸다. 이 양이 도와 달라는 소리를 듣고도 그냥 지나쳤으면 응급 상황에서 생명이 위태로울 수 있었다.

경남 사천의 문성초등학교 5학년 배진성 군도 물에 빠진 어른 3명의 목숨을 구했다. 배 군은 2014년 8월 사천의 와룡저수지에서 낚시꾼 2명이 물에 빠져 허우적거리는 모습을 발견했다. 근처에 있던 어른이 저수지에 뛰어들었지만 힘이 빠져 구할 수 없었다. 배 군은 소리를 질러 도움을 청하면서, 저수지 주변을 재빨리 뒤져 구명환을 찾아냈다. 그리고 밧줄로 묶은 뒤 물에 빠진 사람들에게 던졌다. 배 군의 도움 덕에 세 사람은 물 밖으로 무사히 나왔다.

어린이동아 기사 등 참조

이런 뜻이에요

심폐소생술 심장마비가 일어났을 때 가슴을 누르며 인공 호흡을 해서 심장과 뇌에 피와 산소를 공급하는 일.
구명환 물에 빠진 사람의 몸을 물 위에 뜨게 하는 바퀴 모양의 기구.

생각이 쑤욱

1 우리나라 사람들이 위험에 빠진 사람을 외면하는 까닭을 아는 대로 들어보세요.

2 위험에 빠진 사람을 돕지 않으면 어떤 문제가 생길까요?

▲위험에 빠진 사람을 외면하면 경찰이 그때마다 출동해야 하고, 일찍 구조를 받지 못해 비용이 무척 커진다.

머리에 쏘옥

학교 폭력을 모른 척하는 학생도 '가해자'

학교 폭력은 가해자와 피해자가 있다. 피해자 입장에서 보면 자기를 괴롭히는 학생은 한 명이지만, 괴롭힘을 당하는 모습을 보면서도 말리지 않는 학생들도 가해자처럼 생각된다. 실제로 학교 폭력을 보고도 방관할 경우 가해자와 비슷한 벌을 받을 수 있다.

학교 폭력을 목격했을 때는 나머지 학생들이 모두 협동해 그만두라고 소리치거나, 학교에 신고해야 한다. 그대로 놔두면 언제 자기도 피해자가 될지 알 수 없다.

학교 폭력은 상대방을 주먹으로 때리거나 머리를 쥐어박는 것만이 아니다. 상대방이 싫어하는데도 짓궂게 별명을 계속 부르는 일도 폭력이 될 수 있다. 사이버상에서 따돌리거나 좋지 않은 소문을 내는 일도 마찬가지다.

▲학교 폭력을 방관하는 학생도 가해자와 같다.

3 학교 친구에게 괴롭힘을 당하는 학생을 보고도 외면할 경우 무슨 잘못을 하는 것이며, 학교 폭력을 당하는 현장을 봤을 때 어떻게 하면 좋을지 1분 동안 말해 보세요.

4 아래 표처럼 위험에 빠진 사람을 발견했을 때, 나라면 각각 어떻게 구조할지 밝히고, 왜 그런지도 말해 보세요.

사람이 의식을 잃고 쓰러져 있다.	
물에 빠진 사람을 발견했다.	

5 우리나라에서 '착한 사마리아인의 법'을 만들어 남을 돕지 않으면 벌을 주어야 할지, 찬성과 반대 의견을 1분 동안 말해 보세요.

> '착한 사마리아인의 법'은 위험에 빠진 사람을 보았을 때 자기가 크게 위험하지 않다면 그 사람을 구조하는 것을 의무로 정하는 것이다. 프랑스의 경우 자기가 위험하지 않은데도 위험에 빠진 사람을 구하지 않으면 감옥에 보내거나 벌금을 물린다고 법으로 정해 놓았다.

머리에 쏘옥

'착한 사마리아인 법'의 찬성과 반대 의견

(찬성)현대 사회는 도덕 수준이 낮아 어려움에 빠진 사람을 보고도 외면하는 사람들이 적지 않아요. 이렇게 되면 우리 사회는 유지하기 어렵습니다. 위험에 빠진 사람을 돕지 않아도 비난을 받거나 처벌을 받지 않는다면, 위험을 무릅쓸 이유가 없다고 생각하게 되죠. 하지만 이 법이 만들어지면 위험에 빠진 사람을 돕는 도덕적 행위를 실천하는 사람이 늘어나 사회 전체에 이익이 됩니다.

(반대)사람에게는 자신의 행위를 선택할 수 있는 자유가 있습니다. 위험에 빠진 사람을 돕지 않았다고 다른 사람에게 해를 입힌 것은 아닙니다. 양심의 가책을 받으면 되는 일이죠. 그런데 법은 다른 사람에게 해를 끼쳤을 때만 벌을 주게 되어 있어요. 그런데도 법을 만들어 벌을 준다면 법 정신에도 어긋나는 일입니다. 다른 사람을 돕는 선택은 개인의 생각에 맡겨야 합니다.

▲사마리아인이 강도를 당한 유대인을 구조하고 있다.

생각이 쑤욱

6 기사의 밑줄 친 부분과 같은 일이 벌어지는 사례를 한 가지만 들고, 그 문제를 해결할 방법을 말해 보세요.

7 기사에 나온 두 어린이가 칭찬을 받아야 하는 공통적인 이유를 세 가지만 들어보세요.

정보 클릭

'최초의 펭귄'의 용기

펭귄들은 바다에 뛰어들기 직전에 모두 제자리걸음을 하며 머뭇거립니다. 바다에는 먹잇감도 있지만, 물개나 바다표범도 숨어 있어 잡아먹힐 위험이 있기 때문이죠.

그런데 용기 있는 펭귄 한 마리가 먼저 바다로 뛰어듭니다. 그러면 다른 펭귄들도 일제히 그 뒤를 따라 뛰어들지요. 이때 맨 먼저 뛰어든 펭귄을 '최초의 펭귄'이라고 해요.

어려움에 빠진 사람을 돕는 일도 '최초의 펭귄'처럼 용기가 필요해요. 누군가 용기를 내서 어떤 행동을 시작하면 다른 사람들도 그 뒤를 따르기 때문이죠.

▲바다로 뛰어드는 '최초의 펭귄'.

행복한 논술

우리 사회에 위험에 빠진 사람을 모른 척하는 사람들이 많습니다. 남을 도왔다가 자신도 위험해질 수 있고, 다른 사람에게 무관심하기 때문이랍니다. 개인의 이익만 중요하게 여기고, 다른 사람의 고통에 공감하는 능력이 떨어졌기 때문이지요. 위험에 빠진 사람을 돕지 않으면 결국 자기도 그런 일을 당하게 됩니다. 착한 사마리안처럼 위험에 빠진 사람들 적극 돕는 사회 분위기를 만들려면 이웃의 이익이 개인의 이익과 다르지 않다는 점을 어려서부터 가르쳐야 합니다. 그리고 나라에서는 도움을 주는 사람이 곤란을 당하지 않도록 법으로 뒷받침해야 합니다.

우리 사회에서 위험에 빠진 사람을 모른 척하는 까닭을 설명하고, 위험에 빠진 사람들을 적극 돕는 분위기를 만들기 위한 방안을 말해 보세요(500~600자).

11 달콤한 설탕의 유혹 이기기

▲어린이들이 서울시교육청의 학교보건진흥원(서울 종로구)의 '영양 체험관'에서 영양소를 골고루 갖춘 식단에 관한 설명을 듣고 있다.

달콤한 음식을 즐겨 먹는 어린이들이 많습니다. 단 음식을 먹으면 기운이 나고 기분도 좋아지기 때문입니다. 하지만 단것을 너무 많이 먹으면 건강을 해칠 수 있습니다. 왜 단 음식을 많이 먹으면 안 되는지 공부하고, 단 음식을 줄이려면 어떻게 생활해야 하는지 탐구합니다.

이런 걸 공부해요

이슈 달콤함 즐기다 병 얻는다

- ◆ 청소년들 단것 많이 먹어 허약 체질로 변해
- ◆ 당분은 몸의 에너지원… 지나치면 건강 해쳐

토론 단 음식 줄이면 건강해진다

- ◆ 계획 세워 단맛 나는 가공 식품 섭취 줄여야
- ◆ 단 음식 줄이니 살이 쏙 빠지고 건강해져

이슈: 달콤함 즐기다 병 얻는다

청소년들 단것 많이 먹어 허약 체질로 변해

민준이는 입맛이 없어 아침 대신 떠먹는 요구르트를 하나 먹고 등교했다. 학교에서 집으로 돌아오는 길에는 목이 말라 콜라도 한 캔 사서 마셨다.

민준이가 먹은 음식에는 당분이 많이 들어 있다. 떠먹는 요구르트 한 개(85그램)에는 12그램, 콜라 한 캔(250밀리리터)에는 25그램의 당분이 녹아 있다. 콜라 한 캔만 마셔도 세계보건기구(WHO)가 하루 동안 먹어도 된다고 정한 당분의 권장량을 훌쩍 넘는다.

▲TV 뉴스에서 당분을 너무 많이 섭취하면 심장병을 일으킨다고 전하고 있다.

세계보건기구는 2014년에 어른 기준 당분의 하루 권장량을 기존의 절반인 25그램(각설탕 8개)으로 줄였다. 단 음식을 많이 먹어 건강을 해치는 사람들이 많기 때문이다. 우리 청소년들은 세계보건기구 권장량의 2.5배인 69.6그램을 먹는다.

단 음식을 많이 먹으면 비만과 당뇨병, 심장병 등 140여 가지의 질병에 걸릴 가능성이 있다. 어린이들은 당분 섭취가 지나치면 기억력과 집중력이 떨어져 공부에 방해가 되고, 키가 잘 자라지 않는다.

전문가들은 "밥이나 반찬, 과일 등을 통해 당분을 섭취하므로, 빵과 과자, 음료수 등 당분이 많은 가공 식품을 주의하라."고 말했다. 또 "단맛은 중독성이 강해 쉽게 줄이지 못하는 것도 문제."라고 지적했다.

세계일보 기사 등 참조

이런 뜻이에요

당분 물에 녹으면 단맛이 나는 물질인데, 설탕이나 꿀, 엿 등에 많이 들어 있다.
세계보건기구(WHO) 세계의 모든 사람들이 건강하게 살 수 있도록 전염병을 예방하거나 환경을 깨끗이 하는 일을 맡은 유엔의 한 기관.
당뇨병 핏속에 당분이 많아져 소변으로 당분이 섞여 나오는 병. 갈증 때문에 물을 많이 마셔서 화장실을 자주 가게 되고, 몸무게도 줄어든다.

이슈

당분은 몸의 에너지원… 지나치면 건강 해쳐

신나게 뛰어놀고 나서 힘이 쑥 빠졌을 때 사탕을 먹으면 금방 기운이 난다. 사탕에 들어 있는 당분이 몸에 에너지를 주기 때문이다. 피로하다는 것은 몸의 에너지를 많이 써서 핏속에 든 당분의 양이 줄어든 상태를 말한다.

옛날에는 당분이 많이 포함된 설탕이 약으로도 쓰였다. 영양 섭취가 충분하지 못했을 때에는 설탕을 먹는 것만으로도 여러 가지 병을 낫게 해 줬기 때문이다.

▲사탕수수(왼쪽 사진)와 사탕수수의 줄기. 설탕은 사탕수수를 짠 즙을 끓여 만든다.

단 음식을 먹으면 기분이 좋아지는 효과도 있다. 뇌에서 기분을 좋게 하는 물질이 나오기 때문이다. 하지만 뇌가 자꾸 단 음식을 먹으라고 시키기 때문에 먹을수록 더 먹고 싶어져 중독되기 쉽다.

단것을 지나치게 많이 먹으면 몸에 해롭다. 활동하는 데 쓰이고 남은 당분이 지방으로 바뀌어 몸 안에 쌓여 살이 찌는 것이다. 또

▲단 음식을 많이 먹으면 뚱뚱해지고, 심장병과 당뇨병 등 여러 질병에 걸린다.

단것을 필요 이상 먹으면 당분을 에너지로 바꿀 때 필요한 비타민 등의 영양소가 몸에서 술술 빠져나간다. 게다가 단맛에 길들여지면 다른 음식의 맛을 제대로 느끼지 못하게 돼 음식을 골고루 먹기도 어렵다. 그러면 몸이 허약해져 쉽게 피곤하고, 병균과 싸우는 면역력도 약해져 병에 잘 걸린다. 단것을 먹은 뒤 이를 제대로 닦지 않으면 충치도 생긴다.

문화일보 기사 등 참조

단 음식 줄이면 건강해진다

계획 세워 단맛 나는 가공 식품 섭취 줄여야

미국의 한 초등학교 교장 선생님은 단 음식 때문에 학생들이 뚱뚱해지고 성적이 나쁘다고 여겼다. 그래서 학부모와 학생들에게 건강 서약서를 쓰게 한 뒤 햄버거와 콜라, 사탕을 금지했다. 학생들의 점심과 간식을 매일 조사해 식생활이 좋으면 상을 줬다. 간식으로 바나나와 사과를 제공해 단 음식을 먹고 싶은 마음을 참을 수 있게 도왔다. 그러자 비만 학생이 사라지고, 학력 평가를 통과한 학생이 30퍼센트나 늘었다.

▲공장에서 만드는 팥빙수 재료에 설탕이 많이 들어 있음을 알려 주는 한 TV 프로그램.

당분 섭취를 줄이려면 이처럼 가공 식품을 통해 무심코 먹는 당분의 양을 줄이는 것이 중요하다. 어린이들이 즐겨 먹는 탄산 음료와 과일 주스, 아이스크림, 빵, 과자에는 당분이 많기 때문이다.

가공 식품에는 포장이나 용기에 영양 성분이 표시되어 있다. 영양 성분 표시를 꼼꼼하게 살펴 당분이 적은 제품을 고른다. 또 가공 식품보다는 되도록 자연 식품에 입맛을 들이는 것이 좋다.

과자나 음료수를 집에서 모두 치우는 것도 한 방법이다. 먹고 싶을 때마다 가게에 가려면 귀찮아 참는 경우가 많기 때문이다. 또 목이 마를 때는 음료수 대신 물을 마신다.

국민일보 기사 등 참조

▲가공 식품에 포함된 당분의 양(각설탕 1개=3그램). 왼쪽부터 콜라, 주스, 떠먹는 요구르트, 아이스크림, 과자, 시리얼.

토론

단 음식 줄이니 살이 쏙 빠지고 건강해져

샛별이는 100일 만에 몸무게를 4킬로그램이나 줄여 싱글벙글이다. 달콤한 음식 섭취를 줄였을 뿐인데 살이 빠졌다.

샛별이는 어렸을 적부터 뚱뚱했다. 초콜릿을 좋아해 하루에 한 개씩은 꼭 먹었고, 목이 마르면 오렌지 주스를 벌컥벌컥 마셨다. 그런데 감기에 자주 걸려 병원에 갔다가 소아 당뇨병에 걸렸다는 사실을 알고 충격을 받았다. 샛별이는 그때부터 단 음식과 전쟁을 시작했다.

▲ '비만 조끼'를 입어 보는 어린이들. 노란 덩어리를 조끼에 넣어 몸에 쌓인 지방의 무게를 체험한다.

"처음에는 초콜릿을 끊기가 힘들었어요. 초콜릿을 못 먹어 머리가 아프고 짜증도 났어요. 3주 정도 참으니까 단것을 먹고 싶은 마음이 사라지고 입맛도 변했어요."

샛별이는 영양사 선생님의 말씀대로 초콜릿이 먹고 싶을 때는 아몬드를 먹고, 주스 대신 물을 마셨다. 가게에 갈 때면 딸기 우유 대신 흰 우유를 고르는 등 영양 성분 표시를 보고 당류가 많지 않은 제품을 샀다. 샛별이 엄마도 요리할 때 신경을 썼다. 샛별이가 좋아하는 불고기와 떡볶이를 할 때 설탕 대신 양파와 단호박을 넣어 단맛을 냈다.

샛별이는 "예전에는 감정의 변화가 심했는데, 지금은 마음이 안정되고, 공부에 집중도 잘된다"며 "음식을 스스로 조절할 수 있게 되어 자신감이 생겼다."고 말했다.

영 양 성 분		
1회 제공량 1개(80그램)		
총 2회 제공량 (160그램)		
1회 제공량당 함유		% 영양소 기준치
열량	285kcl	
탄수화물	46그램	14%
당류	23그램	
단백질	5그램	8%
지방	9그램	18%
포화지방	2.5그램	17%
트랜스지방	2그램	-
콜레스테롤	80m그램	27%
나트륨	150m그램	8%
%영양소기준치:1일 영양소 기준치에 대한 비율		

▲가공 식품에 붙은 영양 성분 표시.

소년한국일보 기사 등 참조

생각이 쑤욱

머리에 쏘옥

1 단 음식을 많이 먹으면 어떠한 문제가 생기는지 아는 대로 말해 보세요.

설탕의 쓰임새

솜사탕은 설탕으로 만들지요. 뜨거운 설탕물이 솜사탕 기계의 구멍에서 뿜어져 나올 때 차가운 공기에 닿으며, 실처럼 길게 이어지는 거예요.

설탕은 음식을 오래 저장할 때도 필요해요. 상하기 쉬운 과일을 설탕에 절이거나 잼을 만들어 오래 두고 먹을 수 있지요.

영화나 드라마에서 유리창이 깨지는 장면을 찍을 때도 설탕이 빠질 수 없어요. 설탕으로 만든 가짜 유리를 사용했기 때문에, 유리 같은 효과가 나면서도 배우들은 다치지 않는 거예요.

설탕으로 멋진 작품을 만들기도 해요. 설탕가루를 반죽해 색을 넣고 꽃과 케이크 등 다양한 장식품을 만들지요. 설탕이 썩지 않도록 방부제 역할을 하므로 오래 보관할 수 있어요.

2 생활에서 설탕이 어떻게 쓰이는지 세 가지만 들어보세요.

▲다양한 설탕들. 설탕은 만드는 과정에 따라 색깔과 모양이 다양하다.

▲설탕으로 만든 공예 작품.

3 오늘 하루 내가 먹은 간식을 모두 대고, 몸에 좋은 간식인지, 줄여야 할 간식인지 평가해요.

내가 먹은 간식은 _____ 입니다.

(몸에 좋은 간식, 줄여야 할 간식)은 _____ 입니다.

_____ 때문입니다.

앞으로는 _____

생각이 쑥쑥

4 아일랜드에서는 설탕이 건강에 해롭다며, 설탕을 살 때마다 세금을 물립니다. 설탕에 세금을 붙이는 게 옳은지 조리 있게 말해 보세요.

설탕에 세금을 (붙여야 한다, 그러지 말아야 한다).

왜냐하면 _____

_____

_____

머리에 쏙쏙

단맛을 왜 좋아할까

사람들이 초콜릿의 달콤한 유혹을 뿌리치지 못하는 것은 살아남기 위한 본능이라고 보는 학자들도 있어요. 옛날에는 농사를 짓지 않고, 자연에서 난 과일이나 열매를 따 먹었어요. 사람들은 본능적으로 쓴맛이 나는 독초를 피하고, 과일처럼 단맛이 나는 영양가 풍부한 음식을 좋아한 것이죠.

5 단 음식은 먹을수록 더 먹고 싶어 많이 먹게 됩니다. 아래 질문에 대답하며 내가 당분에 중독 됐는지 확인하고, 단 음식을 줄일 방법을 찾아봐요.

① 단 음식을 많이 먹지 않기 위해 노력하는 편이다. (예, 아니오)
② 물 대신 탄산 음료를 자주 마신다. (예, 아니오)
③ 아이스크림이나 초콜릿을 먹는 사람을 보면 나도 먹고 싶다. (예, 아니오)
④ 내 주변에 과자 같은 간식거리가 항상 있다. (예, 아니오)
⑤ 신맛보다 단맛이 나는 과일이 좋다. (예, 아니오)
⑥ 지나칠 정도로 단것을 먹고 싶을 때가 있다. (예, 아니오)
⑦ 이유 없이 짜증이 나고 불안하다. (예, 아니오)
⑧ 하루에 한 번이라도 아무 의욕 없이 축 늘어질 때가 있다. (예, 아니오)
⑨ 후식으로 단것을 찾는다. (예, 아니오)
⑩ 살이 찐 편이다. (예, 아니오)

'예'의 개수	0~2개	3~5개	6~8개	9~10개
평가	건강이	중독 의심이	당분 중독이	중독 심각이

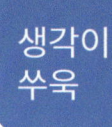

생각이 쑤욱

6 행복이는 화가 나는 일이 있으면, 사탕이나 초콜릿을 마구 먹어요. 행복이에게 단 음식을 줄일 수 있는 방법을 알려 주세요.

| 이렇게 먹어 봐! | 이렇게 행동해 봐! |

머리에 쏘옥

숨겨진 당분을 찾아라

건강을 위해 '무설탕'이나 '무가당' 제품을 많이 찾아요.

하지만 무설탕 표시가 되어 있다고 당분이 없는 게 아니에요. 설탕은 없지만 설탕과 비슷한 다른 종류의 당분이 들어 있지요. 액상 과당, 아스파탐, 옥수수 시럽, 맥아당, 과당, 포도당 등의 단어가 있다면 당분이 든 것이니 주의해야 하죠. 무가당이란 말도 식품을 만들 때 당분을 넣지 않았다는 것이지, 당이 없다는 뜻이 아닙니다.

7 어린이들의 건강을 지키기 위해 학교에서 실시하면 좋을 프로그램 아이디어를 하나만 내봐요.

☞ 전교생이 등교하자마자 매일 운동장을 세 바퀴씩 돌거나, 식생활 건강 동아리를 운영하는 학교도 있어요.

교장 선생님께 제안합니다.

어린이들의 건강을 위해 _____

_____

그러면 _____

_____

제안자 : _____ 학년 _____ 반 _____

106

> 행복한
> 논술

과자나 음료수 등 달콤한 음식을 즐겨 먹는 어린이들이 많습니다. 단 음식을 먹으면 기운이 나고 기분이 좋아지기 때문입니다. 당분은 몸의 에너지원이어서 꼭 필요합니다. 하지만 단 음식을 너무 많이 먹으면 뚱뚱해지고, 충치와 당뇨병, 심장병 등 여러 가지 질병에 걸립니다. 특히 가공 식품에는 당분이 많아 자기도 모르게 많이 섭취하게 됩니다. 단맛은 중독성이 강해 먹을수록 입맛이 당기고, 단맛에 길들여지면 입맛을 바꾸기 어렵습니다. 당분을 지나치게 먹으면 건강을 해친다는 사실을 알고, 단 음식을 줄일 방법을 찾아야 합니다. 가공 식품을 살 때 당분이 들었는지 영양 성분 표시를 꼼꼼히 확인하고, 올바른 식습관을 들이려고 노력해야 합니다.

달콤한 음식을 즐겨 먹는 친구에게 당분을 많이 먹으면 안 되는 까닭을 알려 주고, 당분을 줄일 방법을 제안하세요(500~600자).

12 알고 보면 간단한 지구촌 분쟁 해결법

▲2015년 9월 터키 바닷가에서 엎드린 채 숨진 모습으로 발견된 시리아의 세살배기 난민 아이 아일란 쿠르디. 시리아 내전 때문에 탈출해 가족들과 조그만 배를 타고 바다를 건너다 침몰해서 죽었다.

역사적으로 지구상에 전쟁이 없었던 날은 하루도 없었다고 합니다. 요즘에도 지구촌 곳곳에선 크고 작은 분쟁이 끊이질 않아요. 분쟁은 왜 일어나는 것일까요? 그리고 어떻게 해결해야 할까요? 국제 분쟁이 끊이지 않는 이유를 알아보고, 지구촌의 모든 나라가 평화롭게 어울려 살 수 있는 방법을 생각해요.

이런 걸 공부해요

이슈 지구촌 곳곳 분쟁으로 신음

◆ 지구촌 분쟁 왜 일어날까

토론 국제 분쟁 어떻게 해결할까

◆ 화해시키고 군대 보내고 온갖 노력 다해야
◆ 용서하는 마음이 분쟁 해결의 열쇠

지구촌 곳곳 분쟁으로 신음

지구촌 분쟁 왜 일어날까

지구촌 곳곳이 크고 작은 분쟁으로 신음하고 있다. 분쟁이 일어나는 원인은 영토 다툼이나 종교 분쟁, 자원 문제 등 여러 가지다. 분쟁이 계속되는 지역을 살펴본다.

① 종교 갈등과 경제 문제로 일어난 시리아 내전

시리아 내전은 2011년 3월 정부가 민주화를 요구하는 시민을 무력으로 진압하면서 시작되었다. 시민들은 군대를 만들어 정부에 대항했다. 그 뒤 경제 문제와 이슬람교 종파 간의 갈등 문제까지 얽히면서 다른 나라들까지 전쟁에 참여해 지금까지 계속되고 있다. 전쟁 때문에 2016년 말까지 32만 명이 죽고, 주변 국가로 탈출한 사람이 480만 명이나 된다. 모든 시설이 거의 파괴되어 전기가 공급되지 않는 곳이 전체의 83퍼센트에 이른다. 인구의 80퍼센트는 음식을 얻지 못해 굶주림에 시달리고 있다.

▲철저히 파괴된 시리아 남부의 라무사 지역에 민간인 피란을 돕기 위해 버스가 투입되었다.

② 하나의 땅 두고 다투는 이스라엘과 팔레스타인

팔레스타인 지역은 유대교를 믿는 이스라엘 민족과 이슬람교와 기독교를 믿는 팔레스타인 민족이 1948년부터 지금까지 영토 다툼을 벌여온 곳이다. 처음엔 이스라엘 민족이 이곳에 살았다. 그러나 이들은 서기 135년 로마인들에게 쫓겨나 세계 곳곳으로 흩어졌다. 그 뒤 팔레스타인 민족이 줄곧 이 땅의 주인으로 살았다. 흩어져 살던 이스라엘 민족이 1948년 조상의 땅인 이곳에 모여 국가를 세우자, 이번에는 팔레스타인 사람들이 밀려났다. 그때부터 이 땅을 둘러싼 이스라엘 민족과 팔레스타인 민족의 다툼이 끊이지 않고 있다.

이슈

③ 카슈미르 땅 차지하려고 다투는 인도와 파키스탄

인도와 파키스탄은 카슈미르 지역을 차지하기 위해 자주 싸운다. 인도반도가 1947년 영국에서 독립하면서 힌두교를 믿는 인도와 이슬람교를 믿는 파키스탄으로 나뉘었다. 그런데 두 나라의 중간에 있는 카슈미르 지역은 주민들 대다수가 이슬람교를 믿기 때문에 파키스탄에 속하고 싶었다. 하지만 지도자가 힌두교를 믿어서 결국 인도에 속하게 되었다. 이 때문에 같은 해 10월 전쟁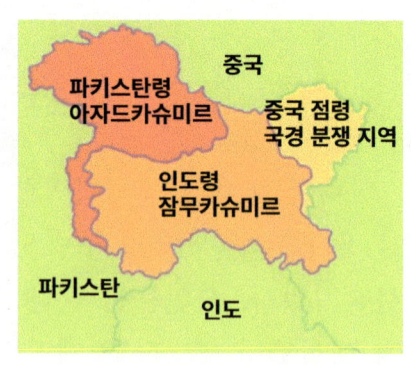
을 벌여 카슈미르는 인도에 속한 지역과 파키스탄에 속한 지역으로 쪼개지고 말았다. 그 뒤 두 나라는 카슈미르를 둘러싸고 틈만 나면 다툼을 벌인다.

④ 독립하려는 티베트를 무력으로 막는 중국

산으로 둘러싸인 티베트는 라마교를 믿으며 평화롭게 살았다. 그런데 중국이 1950년 10월 무력을 동원해 티베트를 점령했다. 중국은 티베트를 차지한 뒤 그곳의 전통 문화를 없애고 사람들을 탄압했다. 티베트인들은 계속 독립 운동을 일으키고 있지만, 중국은 그때마다 무력으로 진압하고 있다. 이 과정에서 수많은 티베트인들이 목숨을 잃거나 근처의 인도로 탈출했다. 중국은 티베트
인들의 독립 운동을 놔두면, 중국 내 다른 소수 민족들도 독립 운동을 할 것이라고 생각해 강하게 억누르고 있다. 하지만 지금도 티베인들의 독립 운동은 계속되고 있다.

토론

국제 분쟁 어떻게 해결할까

화해시키고 군대 보내고 온갖 노력 다해야

우리 보고 사이좋게 지내라는 어른들은 왜 서로 피를 흘리며 싸우는 걸까. 국제 분쟁을 해결할 방법은 없을까?

글쎄, 유엔사무총장님께 화상 전화로 여쭤 보자.

엥? 유엔은 뭐고 사무총장은 또 뭐야?

으이그~ 무식하긴. 유엔은 세계 평화를 위해 일하는 국제기구야. 사무총장은 유엔에서 가장 높은 자리고. 지금 사무총장으로 계신 분은 포르투갈의 안토니오 구테헤스(1949~)님이시지.

총장님! 국제 분쟁이 나면 어떻게 해결하나요?

가장 좋은 해결 방법은 당사자들 스스로 서로 양보해 싸움을 그치는 것입니다. 하지만 그건 쉬운 일이 아니지요.

그렇군요, 총장님.

그래서 보통은 이웃 나라나 유엔이 중간에서 양쪽의 이야기를 들어보고 어떻게 하는 게 좋은지 결정해 줍니다.

아, 그럼 싸움이 쉽게 해결되겠네요?

하지만 분쟁국들이 주변에서 내려준 결정을 따르지 않을 때가 많습니다. 그럴 땐 유엔이 재판을 열어 강제로 분쟁을 멈추게 해요. 때로는 분쟁 지역에 군대를 보내 유엔의 결정에 따르도록 하지요. 재판을 통해 전쟁을 일으킨 지도자에게 벌을 주기도 한답니다.

휴, 세계 평화의 길은 멀고도 험하구나.

토론

용서하는 마음이 분쟁 해결의 열쇠

"여러분의 무기를 바다에 버리세요."

넬슨 만델라(1918~2013) 전 남아프리카공화국 대통령이 1990년 2월 케이프타운 연설에서 흑인 청년들에게 외친 말이다.

남아프리카공화국에서는 지난 300년 동안 잘사는 소수의 백인이 가난한 다수의 흑인을 탄압했다.

그랬던 나라에서 1994년 흑인인 넬슨 만델라가 대통령이 됐다. 만델라는 오랫동안 흑인을 괴롭혔던 백인에게 복수할 수도 있었지만, 대신 용서와 화해를 택했다. 과거 백인이 저지른 잘못을 조사하되, 잘못을 솔직히 고백한 백인은 벌하지 않았다.

백인이 흑인에게 잘못한 일만 조사한 것이 아니라 흑인이 백인에게 잘못한 일까지 밝혀냈다. 공평한 조사였기 때문에 백인과 흑인 모두 불만이 없었다.

▲2008년 7월 90회 생일을 맞은 넬슨 만델라 전 남아프리카공화국 대통령이 생일카드를 읽으며 기뻐하고 있다.

백인은 자신이 가진 지식과 재산을 사회 발전에 보탬으로써 흑인의 용서에 보답했다. 그 덕에 남아프리카공화국은 지금 다른 아프리카 국가들과 달리 빠르게 경제가 성장하고 있다.

분쟁을 끝내려면 무엇보다 당사자들이 서로 용서하는 마음을 가져야 한다.

'가장 강한 무기는 비폭력이고 가장 멋진 복수는 용서'라는 말이 있다. 지구촌은 이 말에서 분쟁 해결의 열쇠를 찾아야 한다.

아시아투데이 기사 등 참조

생각이
쑤욱

1 지구촌에서 분쟁이 일어나는 까닭을 아는 대로 들어보세요.

2 아래 상자 안에 분쟁 지역 어린이들에게 필요한 물건을 담아 보내려고 합니다. 어린이들이 겪을 어려움을 추측해 여섯 가지를 적어요.

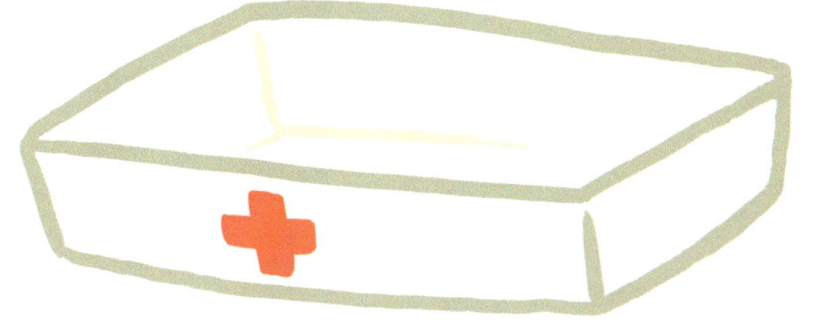

머리에 쏘옥

핵무기의 위험성

미국은 제2차 세계대전 때인 1945년 8월 일본의 히로시마와 나가사키에 원자폭탄을 한 개씩 떨어뜨렸어요. 이 바람에 히로시마에서만 주민 전체의 4분의 1인 약 7만 명이, 나가사키에서는 2만 명이 그 자리에서 죽었어요. 건물은 거의 모두 파괴되었지요. 나중에 방사능에 피폭되어 죽은 사람도 헤아릴 수 없이 많답니다.

지금은 인류 전체를 몇 번이고 멸망시킬 정도로 핵무기를 가진 나라도 늘어났고 보유한 핵무기의 양도 많답니다. 그래서 핵무기를 가진 나라들이 전쟁을 벌이면 다른 나라도 안전하지 못하지요.

▲히로시마에 떨어진 원자폭탄이 폭발하며 버섯구름이 하늘로 치솟고 있다.

3 핵무기를 가진 나라들이 서로 전쟁을 벌이려 할 때 세계가 불안해하는 까닭은 뭘까요?

생각이 쑤욱

4 기사에 소개된 분쟁 가운데 가장 어리석다고 생각되는 분쟁을 고르고 이유도 말해요.

5 팔레스타인은 이스라엘의 땅인지, 팔레스타인의 땅인지 자신의 생각을 1분 동안 발표하세요.

저는 이곳이 _____
의 땅이라고 생각합니다.
왜냐하면

머리에 쏘옥

비폭력의 힘을 보여준 간디

간디(사진·1869~1948)는 인도의 독립 운동을 이끌었습니다. 그는 인도를 지배하던 영국에 폭력으로 대항하지 않았어요. 폭력은 또 다른 폭력을 낳을 뿐 문제 해결에 도움이 되지 않는다고 생각했거든요. 대신 '영국 제품 사지 않기', '영국 은행에 예금하지 않기' 등의 운동으로 독립 의지를 밝혔습니다.

이런 비폭력 운동은 인도 국민뿐 아니라 세계에 깊은 인상을 줬고, 결국 인도가 독립하는 데 큰 도움이 됐답니다.

생각이 쑤욱

6 중국은 왜 티베트의 독립을 필사적으로 막는 걸까요?

7 지구촌 어딘가에서 전쟁이 일어나면 그 영향은 세계 곳곳에 미칩니다. 어떻게 영향을 미치는지 예를 들어서 설명하세요.

머리에 쏘옥

다른 나라 분쟁 '강 건너 불구경' 아니에요

아프리카의 소말리아에선 내전이 너무 심해 나라 경제가 완전히 무너졌습니다. 살기가 어려워진 주민들이 외국 배를 상대로 해적 노릇을 해 세계적으로 큰 문제가 되고 있지요.

지난 2011년 1월에는 우리나라의 삼호주얼리호가 이 지역 앞바다를 지나가다가 소말리아 해적들에게 납치된 적이 있어요. 우리 해군이 출동해 구출하기는 했지만, 석해균 선장이 다치는 등 큰 피해를 당했지요.

▲구출 과정에서 총격전이 벌어져 삼호주얼리호의 곳곳에 총탄 흔적이 뚜렷하다.

행복한
논술

지구촌 곳곳에서 분쟁이 벌어지고 있습니다. 땅과 자원을 더 많이 차지하려고 같은 민족 또는 종교가 같은 사람들끼리 편을 나눠 다툽니다. 주변 나라들이 설득하고 유엔이 나서 말려 보지만, 당사자들이 서로 미워하는 마음을 버리지 않아 분쟁이 해결되지 않는 경우가 많습니다. 전쟁에선 승자가 없다고 합니다. 승자와 패자 모두에게 씻기 어려운 상처가 남기 때문이지요.

대한민국 어린이를 대표해 세계 분쟁 지역의 지도자들에게 싸움을 멈추고 평화를 위해 힘써 줄 것을 당부하는 내용의 편지를 써 보세요(500~600자).

01 독서 통해 진로 설계하기

♣14쪽
▶생각이 쑤욱
1. 예시 답안
 자신에게 필요한 공부가 무엇인지 알고 준비할 수 있어서/ 시간을 낭비하지 않고 전문성을 기를 수 있어서/분명한 꿈이 있기 때문에 공부할 때 더 열심히 할 수 있어서 등.

2. 예시 답안
 -화가→의사 : 그림 그리기를 좋아하기 때문에 화가를 하려고 했는데, 남들보다 그림 솜씨가 뛰어나지 못해서.
 -의사→교사 : 의사가 멋있게 보여서 바꿨는데, 의사가 되려면 수학을 잘해야 한다는 이야기를 듣고 주눅이 들어서.
 -교사→간호사 : 아파서 병원에 입원했을 때, 환자를 돌보는 간호사의 모습이 아름답게 느껴져서.

3. 예시 답안
 -어떤 분야에 관심이 많은가요? : 동식물 분야입니다.
 -어떤 공부(또는 작업)를 할 때 즐거운가요? : 동식물을 관찰하고 돌보는 일입니다.
 -가장 잘하는 일은 무엇인가요? : 과학 관련 책이나 발명에 관한 책을 읽고 친구들에게 알기 쉽게 설명하는 일입니다.
 -나의 희망 직업은 <u>과학 교사</u>입니다. 나는 생물에 배경 지식이 많고 남을 가르치는 능력이 있기 때문에 내가 이 직업에 맞다고 생각합니다.

♣15쪽
▶생각이 쑤욱
4. 예시 답안
 (하고 싶은 일을 우선해야 한다) 사람은 자신이 하고 싶은 일을 할 때 비로소 행복할 수 있기 때문이다. 지금 잘하지 못해도 노력하면 실력이 늘게 되어 있다. 남보다 더 많은 노력이 필요하더라도 내가 좋아하는 일이니 노력하는 것도 즐거울 것이다.
 (잘하는 일을 해야 한다) 잘하는 일을 하면 그 분야에서 더 빨리 성공할 수 있고, 유명해져서 돈도 많이 벌 수 있다. 좋은 결과가 계속되면 마음에 차지 않더라도 그 일을 즐길 수 있을 것이다. 하고 싶은 일은 취미로 즐기면 된다.

5. 예시 답안
 나는 의사를 하고 싶다. 의사가 되면 아픈데도 돈이 없어 치료를 제대로 받지 못하는 사람들을 무료로 치료해 주고 싶다. 아프리카의 차드나 나이지리아, 아시아의 미얀마나 캄보디아 등의 나라에서는 의사가 적고 병원비도 비싸 사람들이 아파도 참는다고 한다. 그래서 병원 치료만 받으면 쉽게 나을 수 있는데도 목숨을 잃기까지 한다고 들었다. 의사가 되면 1년에 한두 달은 가난한 나라에 가서 의료 봉사 활동을 할 것이다. 의사에게는 환자의 생명을 살릴 수 있는 소중한 능력이 있다. 그 능력을 자신만을 위해 쓰지 말고, 남을 돕는 데도 써야 세상 사람들의 행복 지수가 올라간다.

♣16쪽
▶생각이 쑤욱
6. 예시 답안
 가장 닮고 싶은 인물은 전 프로 축구 선수 박지성이다. 박지성 선수는 달리기를 잘하지 못하는 평발인데다 몸집이 크지 않은데도 피나는 노력을 기울여 이름난 축구 선수가 되었다. 나는 야구 선수가 되고 싶은데, 키도 작고 팔도 짧은 편이어서 체육 선생님이나 주변 어른들에게 다른 꿈을 찾아보라는 말을 자주 듣는다. 하지만 박지성 선수의 이야기를 들은 뒤, 내 단점도 열심히 노력하면 이겨 낼 수 있음을 알았다.

7. 예시 답안

희망 직업과 하는 일	요리사. 음식을 만든다.
필요한 능력(또는 자격증)과 갖춰야 할 능력	음식 재료에 관한 풍부한 지식과 요리사 자격증/맛을 구분하는 능력, 미적 감각 등
초등학교 때 할 일	청소년수련관에서 하는 요리 교실에 참가해서 요리 실력 기르기/독거 노인을 위한 제빵 봉사하기
중학교 때 할 일	요리에 관한 전문 서적 읽기/조리과학고에 입학하기 위한 성적 만들기/독거 노인 반찬 봉사하기
고등학교 때 할 일	조리과학고에 들어가 한식과 중식 자격증 따기/호텔조리학과에 들어가기 위해 공부하기/한식, 일식, 중식, 양식 중 어느 분야를 택할지 진로 탐색하기
대학교 때 할 일	유학을 위해 영어 공부하기/유명 식당들의 요리 먹어 보기/취업하고 싶은 음식점 찾아보기

♣17쪽
▶행복한 논술(예시 답안)
 어렸을 적부터 꿈을 정하고 노력하면 삶의 목표가 뚜렷해지기 때문에 직업을 찾기 위해 시간을 낭비할 필요가 없다. 또 이루고 싶은 목표가 있기 때문에 더 열심히 공부하게 된다. 게다가 무엇이 필요한지 미리 생각하고 준비할 시간도 충분하므로 성공할 가능성이 크다.
 진로를 탐색하는 방법 가운데 독서는 아주 효과적이다. 전문 지식을 쌓고 직업도 간접 체험할 수 있기 때문이다. 먼저 다양한 책을 보면서 자신의 직업관을 정하고 어떤 가치를 기준으로 삶을 살지 결정한다. 직업관을 정한 뒤에는 다양한 직업을 탐색하며 직업의 종류와 전망을 살핀다. 그런 뒤 자신의 흥미와 적성, 능력을 고려해 직업을 정한다.

직업은 가능하면 구체적으로 정하는 것이 미래를 위해 좋다. 직업을 정했다면 역할 모델을 찾는다. 역할 모델의 전기문이나 그가 지은 책을 읽고, 앞으로 어떤 준비를 해야 할지 생각한다.

전문 지식을 쌓기 위해 중장기 독서 계획을 세우는 일도 중요하다. 책을 읽은 뒤 독서록을 쓰거나 체험 활동으로 연결하면 전문성을 더욱 키울 수 있다.

02 우왕좌왕 지진 대비법

♣23쪽
▶생각이 쑤욱
1. 예시 답안
　사람들이 죽거나 다친다/땅이 갈라지고 건물이나 도로, 다리 등이 붕괴된다/건물이나 공장에 화재가 발생한다/지진 해일에 의한 피해가 생긴다 등.
2. 예시 답안
　라면이나 즉석 요리 등 식량과 물/휴대용 랜턴, 옷, 신발, 담요, 침낭, 휴대용 가스버너 등의 생활필수품/소화제와 감기약 등 의약품.
3. 예시 답안
　지진은 판의 가장자리에서 자주 일어나는데, 일본은 태평양판의 가장자리에 있고, 유라시아판과 필리핀판의 경계에 있기 때문이다.

♣24쪽
▶생각이 쑤욱
4. 예시 답안
　동물이 떼를 지어 이동하거나 쥐가 마구 돌아다니며 얼굴을 긁는 등의 이상 행동을 보이면 지진이 일어난다고 생각했다.
5. 예시 답안
　지난 2011년 3월 11일 일본에서 규모 9.0의 강진이 발생해 은행 건물이 무너지는 등 큰 피해를 냈다. '쾅' 하는 소리와 함께 땅이 갈라지며 시작된 지진으로 도심의 대다수 건물이 무너졌다. 이 지진은 유라시아판과 태평양판이 서로 부딪히면서 일어났는데, 사상 최대 규모였다. 일본은 환태평양지진대 경계에 있기 때문에 지진이 자주 일어난다.

♣25쪽
▶생각이 쑤욱
6. 예시 답안
　과거의 지진 기록을 통해 우리나라가 지진 안전 지대인지 파악할 수 있기 때문이다.
7. 예시 답안
　1. 물과 비상 식량 : 얼마 동안 머물지 모르기 때문에 꼭 준비한다.
　2. 손전등 : 지진이 발생하면 발전소가 파괴되거나 전선이 끊겨 정전될 수 있다.
　3. 비상 의약품 : 건물이 무너지거나 대피하는 과정에서 다칠 수 있다.
　4. 라디오 : 지진 정보를 듣고 대비하는 행동을 하기 위해 필요하다.
　5. 휴대전화 : 위치를 확인하거나 위급 상황을 신고할 수 있다.

♣26쪽
▶행복한 논술(예시 답안)
　우리나라는 지금까지 큰 지진이 잘 일어나지 않아 지진 안전 지대로 알려져 있었다. 하지만 2016년 9월 12일 경북 경주시에서 규모 5.8의 강진이 발생해 사람들이 다치고 재산 피해도 컸다. 그리고 2016년 한 해만 규모 3.0 이상 지진이 34차례 발생했는데, 과거에 일어난 9.4회의 3.6배나 되었다. 이제 우리나라도 지진 안전 지대가 아니라는 얘기다. 따라서 지진 피해에 항상 대비해야 한다. 지진은 다른 자연 재해와 달리 예측하기 어렵다. 지진이 일어나고 나서야 알 수 있는 것이다. 따라서 지진 피해를 줄이는 가장 좋은 방법은 사전에 대피 훈련을 철저히 하는 것이다.
　지진이 일어났을 경우 집에 있을 때는 방석 등으로 머리를 보호한 채 책상 밑에 들어가 몸을 웅크린다. 사용하던 불은 끄고 가스밸브를 잠근다, 학교에 있을 때는 책상 밑에 들어가 몸을 웅크리고 있다가 교사의 지시에 따라 운동장으로 침착하게 대피한다. 지하철을 타고 있을 때는 고정된 물체를 꽉 잡고 있다가 차내 안내 방송에 따라 움직인다. 감전 등 위험이 있으므로 문을 열고 선로에 뛰어내리지 않는다.

03 성공하는 역할 모델 정하기

♣32쪽
▶생각이 쑤욱
1. 예시 답안
　자기 분야의 전문가여야 한다/다른 사람의 모범이 되어야 한다/자신의 삶을 훌륭하게 살았어야 한다 등.
2. 예시 답안
　'신기술의 마법사' 스티브 잡스 떠나다/인류를 편리하게 했던 스티브 잡스를 추모합니다 등.
3. 예시 답안
　닮고 싶은 모습을 구체적으로 생각할 수 있다/역할 모델을 분석해 자신과 비교한 뒤 앞으로 자신이 부족한 점을 알고 채울 수 있다/고난에 처했을 때 역할 모델이 같은 상황에서 어떻게 했는지 보면서 해답을 찾을 수 있다 등.

♣33쪽
▶생각이 쑤욱
4. 예시 답안
　나의 꿈은 동물을 돌보는 수의사다. 수의사가 되려면 수의대에 들어가야 한다. 수의대에서 공부하려면 수학과 과학 실력이 중요하다고 한다. 그래서 요즘 동물 관련 책을 열심히 읽고 있다. 평소에 아픈 동물을 보면 내 마음도 아파서 피하는 버릇이 있는데, 이를 고치기 위해 유기견 보호소에서 봉사 활동을 하며 수의사가 되려는 마음을 다지고 있다.

5. 예시 답안

역할 모델	반기문
역할 모델 소개(생애, 직업, 업적 등)	

반기문 전 유엔사무총장은 1944년 충북 음성에서 태어났다. 어렸을 적부터 공부하기를 좋아했는데, 특히 영어를 열심히 공부했다. 고등학교 때 미국의 초청을 받아 케네디 대통령을 만난 뒤부터 외교관이 되어 나라에 도움을 주기로 다짐했다. 그의 꿈대로 서울대학교 외교학과를 졸업한 뒤 외교관이 되어 일하다 제8대 유엔사무총장에 뽑혀 연임한 뒤 한국으로 돌아왔다.

정한 이유

유엔에서 일하며 고통을 당하는 지구촌 사람들을 돕는 것이 꿈이기 때문이다. 반 전 총장은 유엔의 가장 높은 자리에 오른 한국인이어서 자랑스럽다. 그의 삶을 닮아가려고 노력한다면 나도 훌륭한 유엔의 직원이 될 수 있을 것이다.

닮고 싶은 점

영어와 프랑스어를 자유자재로 구사할 수 있는 능력을 닮고 싶다. 주변 사람과 다툼 없이 화목하게 지내고 사람들에게 정성을 다하는 태도도 본받고 싶다. 어렸을 적부터 꿈을 정하고, 꿈을 이루기 위해 꾸준히 노력했다는 점도 배워야 할 점이다.

♣ 34쪽
▶생각이 쑤욱
6. 예시 답안

나의 장단점을 파악해 어떤 역할 모델이 알맞는지 생각한다/역할 모델의 장단점을 잘 파악해 자신에게 맞는 사람을 고른다/역할 모델을 꾸준히 관찰해 닮고 싶은 점을 찾는다 등.

7. 예시 답안

저는 아나운서 이행복입니다. 초등학교 때부터 아나운서가 무척 되고 싶었습니다. 그래서 당시 유명했던 김동건 아나운서를 역할 모델로 삼았습니다. 김동건 아나운서가 나오는 뉴스는 모두 보고, 신문에서 기사를 스크랩해 뉴스용 대본으로 만들어 읽기 연습도 했습니다. 김 아나운서의 추천대로 책이나 신문을 많이 읽어서 상식도 풍부하게 했습니다. 대학교도 국어국문학과에 진학해 우리말의 정확한 발음과 우리글의 바른 사용 방법을 익혔습니다.

이런 노력과 준비가 없었다면, 지금처럼 아나운서로 성공하지 못했을 것입니다. 여러분도 지금부터 꿈을 정하고 훌륭한 역할 모델을 정해 보십시오. 역할 모델의 조언이 여러분의 성공에 큰 도움이 될 것입니다.

♣ 35쪽
▶행복한 논술(예시 답안)

저는 세계적으로 유명한 프로 축구 선수가 되고 싶기 때문에 박지성 전 프로 축구 선수를 역할 모델로 정했습니다. 박 선수는 어렸을 적부터 평발인데다 몸집이 작아 축구 선수로 성장하기에는 어렵다는 주위의 평가를 받았습니다. 그러나 남보다 몇 배로 연습했고, 성실하게 생활하면서 주변의 인정을 받았습니다. 눈에 잘 띄지 않던 박지성 선수는 2002년 한일월드컵 때 눈부신 활약을 하며 대한민국을 대표하는 축구 선수로 거듭났습니다. 그리고 마침내 우리나라 최초로 영국의 프리미어리그 진출이라는 기록을 만들었으며, 그곳에서 눈부시게 활약하다 은퇴했습니다.

저도 박지성 선수처럼 키도 작은데다 발도 평발입니다. 주변에서 저에게 "넌 축구 선수가 어울리지 않아."라고 말할 때마다 저는 박지성 선수의 이야기를 들려줍니다. 저는 TV나 신문을 통해 박지성 선수를 연구했습니다. 박지성 선수가 엄청난 훈련을 통해 실력을 길렀다는 사실을 알기 때문에, 그 점을 닮으려고 노력합니다. 힘들어서 포기하고 싶을 때도, 박 선수를 생각하면 힘이 납니다. 저도 박 선수처럼 유명한 축구 선수가 되어 영국의 프리미어리그에서 활약하고 싶습니다.

04 토박이말에 담긴 조상들의 이야기

♣ 41쪽
▶생각이 쑤욱
1. 예시 답안

한자어와 경쟁에서 토박이말이 밀려났기 때문에/일제강점기에 일본이 한글을 쓰지 못하게 해서/한자어를 쓰면 더 유식하다고 생각하는 분위기 때문에/외국어나 외래어를 쓰면 더 멋져 보인다고 생각해서 등.

2. 예시 답안

우리말의 중심을 이루며 언어 생활을 풍부하게 만든다/우리 전통 문화가 담겨 있다/우리의 감정과 정서를 표현하기에 알맞다/들어서 뜻을 금방 알기 쉽다 등.

3. 예시 답안

우리말에는 우리 민족의 생각과 생활 방식이 담겨 있고, 일본어에는 일본 민족의 생각과 생활 방식이 담겨 있다. 따라서 우리말 대신 일본어를 쓰게 하면 일본인들처럼 생각하게 만들 수 있다고 판단했기 때문이다.

♣ 42쪽
▶생각이 쑤욱
4. 예시 답안

학교→배움터 : 학생들이 지식과 지혜를 배우는 곳이기 때문에.

쇼핑몰→가게모임 : 다양한 물건을 사고파는 가게가 모여 있는 곳이기 때문에.

치어리더→흥돋움이 : 운동 경기장에서 관중의 흥을 돋우어 응원을 이끌어 내는 일을 하기 때문에.

5. 예시 답안

(찬성) 북한은 새로운 것이 발명되거나 해외에서 새로운 문물이 들어올 때마다 토박이말로 바꿔 받아들이잖아. 이것은 토박이말을 지키고 사랑하는 태도에서 나온 거야. 토박이말은 한자어나 외래어처럼 별도의 지식을 쌓지 않아도 한 번 들으면 뜻을 쉽게 이해할 수 있지. 그래서 어린이나 배움이 부족한 사람도 쉽게 이해할 수 있어. 그리고 토박이말을 살려 쓴다는 뜻에도 잘 맞고, 우리말에 토박이말 어휘를 늘린다는 면에서도 바람직하다고 봐.

(반대) 새로운 것이 발명되거나 해외에서 새로운 문물이 들어올 때마다 토박이말로 바꿔 받아들이는 태도는 당장은 좋아 보일지 몰라도 더 많은 문제를 일으킬 수 있어. 한자나 외국어로 된 말을 억지로 풀다 보면 말이 지나치게 길어지거나, 너무 풀어 써서 오히려 뜻을 이해하기 어려울 때도 있잖아. 그래서 사람들의 반감을 사기도 하지. 적당한 정도의 외래어와 한자어는 표현을 효율적으로 하는 데 도움이 될 수 있어. 게다가 여러 나라의 문화가 섞여 더 나은 문화를 만들어 내는 오늘날의 상황에 어울린다고 생각해.

♣43쪽
▶생각이 쑤욱
6. 예시 답안

한자어/외래어	토박이말	고친 까닭
도어락	문잠금쇠	문을 잠그는 물건이라서
백일장	쓰기대회	글을 쓰는 대회이기 때문에
외출	나들이	집 밖으로 나갔다 오는 일이어서
축제	잔치	많은 사람이 모여 함께 즐기는 일이므로
캐스터네츠	짝짝이	이름만 들어서는 어떤 물건인지 알 수 없어서

7. 예시 답안

가족과 공원으로 나들이를 했다. 오랜만에 가족끼리 나가는 것이라서 신이 났다. 아빠는 저한테 풍선을, 동생에게는 솜사탕을 사 주셨다. 엄마와 아빠는 따뜻한 보리차를 마시며 우리가 뛰노는 모습을 즐겁게 보고 계셨다. 저녁에는 공원에서 열리는 놀이마당을 봤다. 잘 알려진 노래꾼들이 나와 노래를 불렀는데, 정말 신나고 재미있어서 시간이 가는 줄 몰랐다. 다음 주에도 이렇게 가족끼리 나들이를 할 수 있으면 좋겠다.

♣44쪽
▶행복한 논술(예시 답안)

토박이말이 점점 사라지고 있다. 학교에서 배우는 교과서에도 한자어를 많이 사용할 뿐 아니라, 간판이나 건물 이름 등 생활 곳곳에서 영어 등 외국어를 자주 접하기 때문이다.

토박이말은 우리말의 소중한 뿌리가 되고, 우리의 전통 문화가 담겨 있기도 하다. 그러나 예부터 한자어를 쓰는 것이 토박이말을 쓰는 것보다 유식해 보인다는 생각 때문에 같은 뜻의 토박이말이 밀려났다. 또 일제강점기를 거치며 일본이 한글을 없애려고 하면서 토박이말이 많이 사라졌다. 서양 문물이 들어오며 외국어가 토박이말보다 세련되고 멋있다는 생각 때문에 토박이말이 설 자리가 더욱 줄어들었다.

토박이말을 잃으면 표현의 폭이 좁아져 언어 생활도 빈곤해질 수밖에 없다. 따라서 잊힌 토박이말을 찾아 생활에서 자주 사용해야 한다. 토박이말을 다룬 책을 읽거나, 토박이말을 알리는 행사가 있다면 꼭 참여한다. 일기를 쓰거나 숙제를 할 때도 토박이말을 사용하기 위해 노력할 필요가 있다. 학교에서도 토박이말로 된 글짓기 행사를 열고, 정부에서도 교과서를 만들 때 토박이말을 많이 넣도록 규정을 만들어야 한다. 토박이말을 자주 접하면 더 많이 사용할 수 있기 때문이다.

05 찌르고 때리고… 공연 동물의 눈물

♣50쪽
▶생각이 쑤욱
1. 예시 답안

바다에서는 살아 움직이는 고기를 직접 사냥해야 하므로 먹이 사냥 훈련이 필요하다/일정한 온도를 유지하는 수족관과 달리 차가운 바다 수온과 끊임없이 바뀌는 해류에도 적응해야 한다/사람에게서 멀어지는 훈련도 필요하다 등.

2. 예시 답안

좁고 갑갑한 우리에 갇혀 야생 생활을 뺏기고, 동물 공연에서 스트레스를 받기 때문이다.

3. 예시 답안

○○○○년 ○월 ○일 날씨 : 맑음

아침부터 정신없이 바빴다. 공연이 있는 날은 연습을 많이 해야 하기 때문에 더 바쁘게 마련이다. 좁고 더러운 우리에 갇혀 있는 것도 싫지만, 조련사들이 소리를 지르고 채찍을 휘두르는 걸 견디기는 정말 고통스럽다.

공연 연습을 할 때였다. 코끼리 맘보가 무엇을 잘못했는지 조련사의 채찍에 맞았다. 쉭쉭거리는 채찍 소리는 무시무시하다.

연습을 무사히 끝내고 공연 준비에 들어갔다. 사람들이 내 얼굴에 빨간 분을 발라 사과처럼 붉어졌다. 노란 원피스를 입었다. 친구 원식이는 기타를 쳐야 했다. 기타를 치는 것보다는 마이크를 잡고 노래 부르는 시늉이 더 낫긴 하다.

드디어 공연 시작! 나와 원식이는 사람들 앞에서 인사를 했다. 원식이가 기타를 치고 내가 마이크를 잡은 채 노래를 부르는 시늉을 하자, 사람들이 마구 웃어댔다. 뭐가 그렇게 즐거운지 모르겠다.

오늘도 피곤한 하루였다. 내 고향 밀림에서 나무 위를 뛰어다니며 노는 꿈을 꾸고 싶다.

♣ 51쪽
▶ 생각이 쑤욱
4. 예시 답안
-동물 공연을 중단해야 합니다. 동물에게 고통을 주기 때문입니다. 동물이 공연할 때 보여 주는 재미있는 동작들은 자연스럽게 나오는 것이 아닙니다. 그런 동작들을 익히려면 반복 훈련 과정에서 얼마나 많은 고통이 따르는지 알아야 합니다. 대다수의 조련사들은 공연에 이용하는 동물을 굶기거나 때려서 길들입니다. 동물 공연은 어린이들에게 동물에 관한 잘못된 생각을 심어 주기도 쉽습니다. 동물도 사람처럼 소중한 생명입니다. 그런데 어린이들은 동물 공연을 보면서 사람의 즐거움을 위해 동물을 함부로 다뤄도 괜찮다고 여기게 될 것입니다. 따라서 동물 공연은 당연히 폐지해야 합니다.

-동물 공연을 계속해야 한다고 생각합니다. 동물 공연은 어린이에게 동물을 사랑하는 마음을 갖게 하는 교육 기능도 있습니다. 어린이들은 공연하는 동물의 귀여운 모습을 보면서 동물을 더욱 가깝게 느낄 뿐만 아니라, 동물에게 흥미를 갖고 더 많이 공부하려는 생각이 들 것입니다. 동물 훈련 과정이 학대라고 말하는 사람들도 있지만, 돌고래 공연만 보더라도 굶기거나 때려서는 그런 공연을 할 수 없다고 생각합니다. 돌고래와 조련사가 아주 친해야 멋진 공연을 할 수 있을 것입니다. 사람들은 동물 공연을 보며 행복해합니다. 사람들의 행복을 위해 동물 공연은 유지되어야 합니다.

5. 예시 답안
-어른이 할 수 있는 일 : 동물 학대를 하는 동물 공연을 하지 않는다/야생 동물을 불법으로 잡지 않는다 등.
-어린이가 할 수 있는 일 : 집에서 키우는 동물뿐 아니라 주변의 동물을 괴롭히지 않는다/동물을 존중하는 마음을 갖고 잘 보살핀다 등.

♣ 52쪽
▶ 생각이 쑤욱
6. 예시 답안(그림 생략)
동물원 우리에 갇혀 활동이 적은 사자들을 움직이게 하기 위해 먹이를 주는 장치를 움직이도록 만든다. 한가롭던 사자들은 고깃덩어리를 먹기 위해 달리고 점프하고 두 발로 낚아채려고 갖은 노력을 다하며 활동량이 늘어날 것이다 등.

7. 예시 답안
말을 하지 못하는 동물이라고 그렇게 괴롭혀도 되겠니? 말만 못할 뿐이지 그 개도 우리처럼 똑같이 아파한단 말이야. 너를 누가 아무 이유 없이 발로 찼다고 생각해 봐. 아프고 억울하지 않겠니. 개도 마찬가지야. 사람만 아픔을 느끼는 게 아니라 동물도 똑같이 아프다는 사실을 알아야 해. 생명이 있는 것은 모두 소중하단다.

♣ 53쪽
▶ 행복한 논술(예시 답안)
서울대공원의 돌고래 공연이 중단됐다. 공연에 출연했던 돌고래들이 불법으로 잡은 것이고, 돌고래를 길들이는 과정이 동물 학대라는 이유 때문이다. 돌고래 공연을 포함한 동물 공연은 동물들에게 고통을 준다. 공연에 이용되는 동물은 대개 굶거나 맞으며 필요한 동작들을 익힌다. 그래서 공연에 이용되는 동물들은 스트레스를 받아 난폭해지는 이상 행동도 보인다. 결국 동물 공연의 화려한 모습 뒤에는 동물의 고통스러운 삶이 숨겨져 있는 것이다.

이제는 우리도 동물 복지를 보장해야 한다. 동물 복지란 동물을 함부로 죽이거나 괴롭히는 일이 없도록 하고, 동물의 습성을 살펴 알맞게 다루는 것을 말한다.

따라서 어른들은 동물을 굶기고 때려 무대에 세우는 동물 공연을 해서는 안 될 것이다. 또 동물을 키우다가 병이 들었다고 버린다거나 스트레스를 푼다고 때리는 어른들도 동물 보호법에 따라 처벌하는 게 당연하다.

나 같은 어린이들에게는 무엇보다 생명을 존중하는 마음이 필요하다. 생명을 존중하는 마음은 사람을 포함해 모든 동식물을 귀중하게 여기는 마음이다. 주변에 있는 동물들을 괴롭히지 않고 정성껏 돌보는 것도 어린이가 할 수 있는 일이다. 사람이 행복하려면 동물도 함께 행복해야 한다는 사실을 잊지 말아야겠다.

06 지구촌 가난 구하는 적정 기술

♣ 59쪽
▶ 생각이 쑤욱
1. 예시 답안
적정 기술은 과학 기술의 혜택을 받지 못하는 가난한 나라나 지역 사람들의 생활을 개선하기 위해 그 지역의 환경과 경제 상황에 맞춰 만든 기술이다.

2. 예시 답안
적정 기술이 사용되는 지역의 자연 조건을 고려한다/생활 환경과 경제 수준을 고려한다/사람들에게 빨리 전파될 수 있는 기술을 만든다/기술이 계속 사용될 수 있도록 한다 등.

3. 예시 답안
대가족이 많은 사회 환경/도자기를 빚을 흙이 많은 자연환경/모래와 자갈을 쉽게 구할 수 있는 자연 환경 등.

♣ 60쪽
▶ 생각이 쑤욱
4. 예시 답안
전기가 부족해 화장실에 핸드드라이어를 설치할 수 없는 지역/휴지나 수건이 넉넉하지 않은 지역/습기가 많아 물기가 잘 마르지 않는 지역 등.

5. 예시 답안

	적정 기술을 지원한다	돈을 지원한다
공통점	가난한 사람들에게 도움을 준다.	
차이점	기술로 자립할 수 있고, 생활의 질을 높일 수 있다.	당장 꼭 필요한 것을 살 수 있다.

더 효과적인 방법	적정 기술이 더 효과적이다. 돈은 쓰면 사라져 버리지만, 적정 기술은 가난한 사람들이 직접 돈을 벌어 가난에서 벗어나도록 할 수 있기 때문이다.

♣61쪽
▶생각이 쑤욱
6. 예시 답안
일정한 돈을 받고 팔아 그 지역 주민 스스로 주인 의식을 갖도록 한다/현지인들에게 기술을 가르친다/외부의 지원 없이도 스스로 물건을 생산할 수 있게 한다 등.

7. 예시 답안
-적정 기술 개발이 꼭 필요하다 : 대부분의 환경 문제나 빈부 격차 등의 사회 문제는 첨단 기술 개발의 부정적인 면이 가져온 것이다. 첨단 기술을 더 발전시킨다고 해도 부정적인 면이 더 심해질 뿐 근본적으로 문제를 해결하지는 못할 것이다. 또 다른 첨단 기술로 문제를 해결하려 하는 것보다는, 적정 기술을 개발해 도움이 필요한 사람들에게 당장에 필요한 맞춤 기술을 주는 것이 옳다.

-첨단 기술 개발이 꼭 필요하다 : 적정 기술은 사람들의 생활을 개선하고 돈을 벌 수 있게 해 준다. 그러나 적정 기술로는 빠른 발전을 이루기 힘들고, 선진국 사람들과 비교해 기술의 혜택이 적게 돌아간다는 문제가 있다. 첨단 기술을 발전시켜 이들의 문제를 해결한다면 더 효율적일뿐더러 성과도 빨리 볼 수 있을 것이다.

♣62쪽
▶행복한 논술(예시 답안)
가난한 나라에서는 대다수 사람들이 첨단 과학 기술의 혜택을 받지 못하고 불편하게 생활한다. 적정 기술은 이처럼 과학 기술의 혜택을 누리지 못하는 사람들을 돕기 위해 현지 사정에 맞게 개발됐다. 적정 기술이 개발되면 생활 환경을 개선할 수 있을 뿐 아니라 가난한 사람들이 돈을 벌게 되고, 번 돈으로 물건을 살 수 있게 된다.

우리나라의 적정 기술 개발은 대학의 연구 기관이나 봉사 단체가 주도하고 있는데, 이제부터는 기업이 적극 나서서 개발해야 한다. 적정 기술은 공짜로 물건을 주는 원조가 아니라, 새로운 시장을 만드는 투자로 봐야 한다. 우리나라는 과거 선진국들의 도움을 받아 경제가 성장했으므로, 미래 시장을 개척한다는 입장에서도 적정 기술 투자를 서둘러야 하는 것이다. 정부는 적정 기술을 개발하려는 회사를 지원해야 한다. 또 적정 기술을 사업화하려는 사람들에게 돈을 대주거나, 해당 기술이 필요한 지역을 찾아 연결해 주는 노력도 필요하다.

07 투표율과 민주주의는 정비례

♣59쪽
▶생각이 쑤욱
1. 예시 답안

학급 임원 선거	대표를 뽑는다/투표를 한다/선거 유세를 한다/후보가 여러 명이다 등.	국회의원 선거
후보자와 유권자 모두 어린이다/남녀를 각각 뽑는다/반 아이들만 투표한다 등.		후보자와 유권자 모두 어른이다/지역구에서 한 명만 뽑는다/어른들은 모두 투표할 수 있다 등.

2. 예시 답안
당신의 선택이 대한민국의 미래를 만듭니다/투표는 빠짐없이 선택은 올바르게/당신의 한 표가 한국의 얼굴입니다 등.

3. 예시 답안
이 그래프는 1984년부터 2016년까지의 국회의원 선거 투표율 변화를 한눈에 보여 줍니다. 12대 국회의원 선거를 했던 1984년은 투표율이 84.6퍼센트였습니다. 그러다 2008년에 46.1퍼센트로 최저치를 기록한 뒤, 2016년에는 58퍼센트로 올라갔습니다. 하지만 여전히 절반 수준에서 맴돌고 있습니다. 투표율이 낮을수록 투표에서 뽑힌 사람들이 국민을 대표한다고 보기 어렵습니다.

♣69쪽
▶생각이 쑤욱
4. 정답

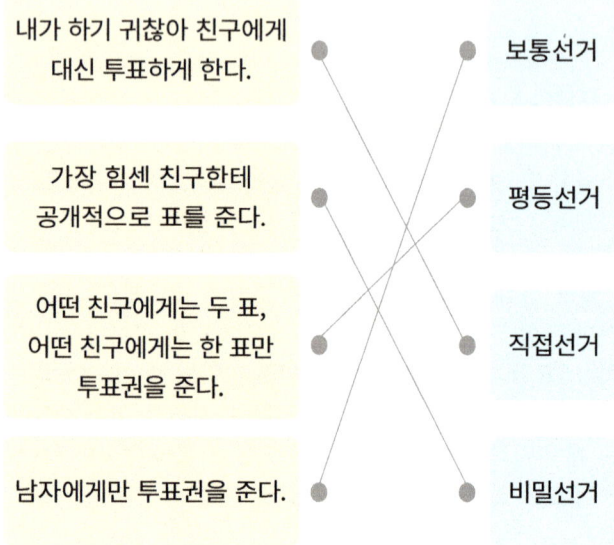

5. 예시 답안
투표일이 됐습니다
투표일이 됐습니다 자리에서 일어나서
가장 먼저 투표하러 투표소에 갑니다

투표일은 모두가 빠짐없이 참여해
다른 데는 신경 끊고 투표소에 갑니다
기표소에 들어가서 내가 고른 후보에게
투표를 합니다 즐겁게 합니다.

♣70쪽
▶생각이 쑤욱
6. 예시 답안
　투표한 사람들은 그날 하루만큼은 패밀리 레스토랑이나 놀이공원을 무료로 이용할 수 있게 한다/투표소에 생활필수품 등의 선물을 준비해 투표한 사람들에게 나눠 준다 등.
7. 예시 답안
　민주주의는 국민이 나라의 주인인 제도입니다. 그리고 선거는 나라의 일을 국민 대신 해 달라고 대표자를 뽑는 것입니다. 그런데 반도 안 되는 국민이 참여해 대표자를 뽑았다면, 국민 전체의 의사를 대표하지 못합니다. 투표율이 낮으면 국민의 뜻을 제대로 전하지 못하는 사람들이 뽑힐 수 있기 때문에 민주주의의 위기라고 말하는 것입니다.

♣71쪽
▶행복한 논술(예시 답안)
　올해는 우리나라의 대통령을 뽑는 선거가 있었습니다. 대통령은 나라를 다스리고 국가의 운명을 결정짓는 중요한 자리입니다. 따라서 유권자는 모두 선거에 참여해 일을 잘할 수 있는 사람을 뽑아야 합니다.
　선거는 국민을 대신해 일할 대표자를 뽑는 것입니다. 과거엔 국민이 모두 참여해 나라의 일을 의논할 수 있었습니다. 하지만 영토가 넓고 인구가 많아지자 국민이 모두 직접 나라의 일에 참여하기가 어려워졌습니다. 예컨대 학교에서 학급 구성원이 모든 결정을 함께 의논해야 한다면 회의하는 데 시간을 모두 써야 할 것입니다. 따라서 지금은 선거를 통해 국민의 대표자를 뽑아 나라의 일을 돌보게 하고 있습니다. 이것이 바로 간접 민주주의입니다.
　투표는 국민이 나라의 주인임을 나타낼 수 있는 유일한 기회인데, 투표에 참여하지 않으면 나라의 주인임을 포기하는 것과 같습니다. 투표하지 않으면 원하지 않는 당선자가 대표가 되어 국민의 의사를 제대로 대변하지 못하는 일이 생길 수도 있습니다.
　따라서 유권자인 어른들이 선거일에 투표하지 않고 여행을 간다면 나라의 미래를 불안하게 하는 일입니다. 그리고 스스로의 권리와 의무를 저버리는 것입니다. 민주 사회의 선거는 나라를 발전시키고 국민에게 더 좋은 기회를 주는 수단입니다. 그러니 어른들은 투표권을 포기하지 말아야 합니다. 그래야 미래의 유권자인 저희 어린이들이 어른들을 보고 배울 수 있습니다.

08 빙하가 다 녹으면 어떻게 될

♣77쪽
▶생각이 쑤욱
1. 예시 답안
　빙하는 눈이 뭉쳐져 만들어진 매우 큰 얼음덩어리이고, 빙산은 빙하가 바다에 이르러 떨어져 나간 것이다.
2. 예시 답안
　지구 온난화가 심해져 평균 기온이 올라갔기 때문이다.
3. 예시 답안
　지구 기온이 빠르게 상승한다/물 부족에 시달리는 곳이 늘어난다/더운 곳은 더 더워지고 추운 곳은 더 추워진다 등.

♣78쪽
▶생각이 쑤욱
4. 예시 답안
　북극 빙하는 바다에 떠 있는 얼음이라 녹아도 해수면 상승에 영향을 주지 않는다. 그러나 남극 빙하나 높은 산 지역의 빙하는 대륙 위에 쌓인 얼음이기 때문에 녹으면 물이 바다로 흘러들어 해수면이 높아지기 때문이다.
5. 예시 답안
　북극곰은 빙하가 녹았을 때 큰 피해를 당하는 동물이다. 북극곰은 빙하에 몸을 숨기고 먹이를 사냥하는데, 빙하가 녹으면 먹이 사냥에 성공할 확률이 낮아져 굶주린다. 또 빙하가 녹은 상태에서 먹이를 찾아 가기 위해 헤엄을 치다가 지쳐서 물에 빠져 죽기도 한다. 먹잇감인 바다사자나 물개가 지구 온난화로 빙산 조각이 사라지자 함께 모습을 감춘 점도 북극곰이 겪는 고통 가운데 하나다. 북극곰의 수는 앞으로 30퍼센트 이상 줄어들 것으로 예상되며, 살아남은 북극곰도 먹잇감을 찾지 못해 앙상하게 말라 있다.

♣79쪽
▶생각이 쑤욱
6. 예시 답안
　에어컨 대신 선풍기를 사용한다/학용품을 아껴 쓴다/이면지를 사용한다/일회용품 사용을 줄인다/분리 수거를 철저히 한다 등.
7. 예시 답안
　여러분! 투발루는 섬나라입니다. 그래서 빙하가 녹아 해수면이 상승하면 바로 영향을 받습니다. 산업이 발달하며 지구에 온실가스가 늘어나면 온난화가 심각한 문제가 됐습니다. 투발루는 공장이 없고, 대다수의 국민들이 농사를 지으며 평화롭게 삽니다. 저희는 온실가스를 만들지 않았지만, 지구 온난화로 인한 피해를 가장 크게 받고 있습니다. 선진국들은 해수면 상승에 책임감을 가져야 합니다. 온실가스를 많이 배출하는 산업을 줄이고, 온난화 때문에 고통을 받는 나라들에게 경제적인 도움을 주어야 합니다. 집이 물에 잠겨 갈 곳을 잃은 사람들을 기후 난민으로 받아 주어야 합니다. 해수면 상승은 우리 국민의 힘만으로는 막을 수 없는 문제입니다. 물 밑으로 사라지는 섬나라에 사는 저희에게 책임감을 느껴 주십시오.

♣80쪽
▶행복한 논술(예시 답안)

빙하가 녹는 속도가 점점 빨라지고 있다. 북극과 남극의 빙하뿐 아니라 중국과 아프리카, 남미의 높은 산에 쌓인 빙하도 빠르게 녹고 있다. 지구 온난화가 지금의 추세대로 이어질 경우 2055년에는 지구에서 빙하가 사라질 수 있다는 연구 결과도 나왔다.

지구 온난화가 빨라지는 까닭은 화석 연료의 사용으로 온실가스 배출이 늘어났기 때문이다. 온실가스 배출이 늘어나면 지구가 더워지고, 빙하가 녹는다. 빙하가 녹으면 해수면이 상승해 물에 잠기는 곳이 늘고, 지구 곳곳에 태풍이나 가뭄 등 이상 기후가 나타난다.

빙하를 지키려면 먼저 온실가스 배출을 줄여야 한다. 필요 없는 전자 제품은 쓰지 말고, 쓰지 않는 전자 제품의 코드는 빼 둔다. 에어컨보다는 선풍기를 이용하되, 에너지 효율 등급이 높은 전기 제품을 사용한다. 자가용보다는 대중교통을 이용한다. 물건을 만드는 데도 화석 연료가 사용되므로, 학용품은 아껴서 끝까지 쓰고, 일회용품을 되도록 쓰지 말아야 한다.

09 조선왕릉 비싸게 파는 방법

♣86쪽
▶생각이 쑤욱
1. 예시 답안
문화 민족으로서의 자부심이 생긴다/관광객의 증가로 관광 수입이 늘어난다/문화재의 보존과 보호를 위한 유네스코의 지원을 받을 수 있다 등.
2. 예시 답안

3. 예시 답안
왕과 왕족들이 하루 만에 다녀올 수 있도록 거리를 고려했기 때문이다/관리하기 쉽도록 하기 위해서다/조선의 법전인 경국대전에 왕릉을 도성 100리 안에 만들라는 규정이 있었기 때문이다 등.

♣87쪽
▶생각이 쑤욱
4. 예시 답안
도자기나 다른 패물 등 값이 나가는 부장품 없이 왕의 시신만 묻었기 때문이다/왕릉이 견고하기 때문이다 등.
5. 예시 답안
-추천하는 문화유산 : 안동 하회마을과 경주 양동마을
-추천 이유 : 옛 모습을 고스란히 간직한 안동 하회마을은 조선 시대 성리학자인 서애 유성룡의 후손인 풍산 유씨 등의 종친이 모여 사는 곳입니다. 경주 양동마을은 한국 최대 규모의 대표적 조선 시대 동성 마을로, 원성 손씨와 여강 이씨의 씨족 마을입니다.
양동마을과 하회마을은 한국의 전통적인 삶의 방식을 유지하고 있으며, 씨족 마을이 어떻게 만들어지고 유지되었는지 잘 보여줍니다. 관광 자원으로서뿐만 아니라 마을의 생활 양식과 의식 등이 보존할 만한 가치가 충분합니다. 또 두 마을은 중국과 다른 우리나라 고유의 풍수지리 사상을 잘 드러내 준다는 점에서도 인류가 보존해야 할 소중한 자산입니다.

♣88쪽
▶생각이 쑤욱
6. 예시 답안
홍보 책자와 포스터를 만든다/조선왕릉을 주제로 컴퓨터 게임을 개발한다/조선왕릉을 알리는 전시실을 외국 박물관에 마련한다/외국인 전용 조선왕릉 체험 프로그램을 개발한다 등.
7. 예시 답안
조선왕릉 40기가 2009년 유네스코 세계문화유산으로 등재되었는데도 지금까지 외국인 관광객 유치나 경제적 활용이 제대로 이루어지지 못했다. 국가의 중요 문화재의 가치에만 중점을 두는 보존 정책 때문이었다. 따라서 해마다 외국인을 대상으로 조선왕릉문화축전을 여는 것이 좋겠다. 고궁과 연계해 왕릉을 순례하며, 경기도 남양주시 등 왕릉이 있는 지역의 볼거리와 먹거리 등을 함께 즐길 수 있도록 하는 것이다. 왕릉 주변의 숲을 활용하는 프로그램도 개발하면 인기를 끌 것이다. 왕릉에서는 홀로그램과 사물 인터넷을 활용해 왕이 직접 자신의 업적을 소개하는 프로그램도 마련하면 유익할 것이다.

♣89쪽
▶행복한 논술(예시 답안)

2009년에 유네스코 세계문화유산에 등재된 조선왕릉은 조선 시대 역대 왕들의 무덤이에요. 조선 태조 건원릉부터 마지막 황제 순종의 효릉까지 40기의 왕릉이 모두 인류의 소중한 문화유산이랍니다.

유네스코는 자연 지형과 조화를 이룬 독특한 건축과 조형 양식, 제례 의식 등 무형의 유산을 통해 역사적 전통이 이어져 오는 점, 왕릉 전체가 오랜 세월 동안 잘 보존된 점 등을 높이 평가했어요.

조선왕릉 이외에도 종묘와 창덕궁까지 세계문화유산에 올라 있어 조선 왕실 문화의 우수성과 독창성은 이미 세계적으로 인정받았습니다.

조선왕릉은 그 우수성만큼이나 숨겨진 재미있는 이야기도 많습니다. 모든 왕릉에는 잔디가 입혀져 있는데, 태조 이성계의 건원릉에는 억새풀이 무성한 까닭은 무엇일까요?

대다수의 능이 수도권 주변에 있지만 장릉은 강원도에 있습니다. 왕위를 빼앗기고 죽임을 당한 단종의 슬픈 이야기가 전하고 있지요.

조선 시대 왕들을 중심으로 한 역사와 문화가 궁금하시면 조선왕릉을 보러 오십시오.

10 사라지는 '착한 사마리아인'

♣95쪽
▶생각이 쑤욱
1. 예시 답안
남을 돕다가 자신도 위험에 빠질까봐/경찰 조사 등 귀찮은 일이 생길까봐/나와 상관없는 일이라고 생각해서 등.

2. 예시 답안
내가 해를 입을 가능성이 커진다. 위험에 빠진 사람을 돕지 않으면, 내가 위험에 빠졌을 때 다른 사람이 구해 줄 가능성이 줄기 때문이다.

3. 예시 답안
학교 친구에게 괴롭힘을 당하는 학생을 보고도 외면하는 것은 가해하는 것과 크게 다를 바 없다. 괴롭힘을 당하는 입장에서는 자신을 돕지 않고 외면하는 것이나, 자신이 당하는 모습을 보고 같이 웃는 것도 견디기 힘든 일이기 때문이다. 학교 폭력을 당하는 현장을 보면 그만두라고 소리치거나, 학교에 신고해야 한다. 폭력을 쓰고 있을 때는 경찰에 신고할 수도 있다. 놀림처럼 지속적으로 벌어지는 학교 폭력일 경우, 놀리는 친구에게 그러지 말라고 강하게 이야기하는 것도 방법이다.

♣96쪽
▶생각이 쑤욱
4. 예시 답안
-사람이 의식을 잃고 쓰러져 있다 : 내게 휴대전화가 있다면 119에 바로 신고할 것이고, 없다면 주변 어른들에게 전화를 걸어 달라고 할 것이다. 또 의학 지식이 있는 사람이 주변에 있을지도 모르니 여기에 쓰러진 사람이 있다고 외쳐 도울 사람을 찾을 것이다.

-물에 빠진 사람을 발견했다 : 물에 무작정 뛰어들면 위험하므로, 주변을 둘러보며 구명조끼나 구명환처럼 사람을 구하기 위해 쓸 수 있는 물건이 있나 찾아볼 것이다. 또 어른들에게 도움을 요청해 119에 신고할 것이다.

5. 예시 답안
-찬성 : 우리나라에서 '착한 사마리아인의 법'은 필요하다고 생각해. 요즘 자신만을 생각하는 사람이 많아져서 자신에게 아무런 손해가 없는데도 남을 돕지 않는 사람이 늘고 있어. 그래서 다치거나 목숨을 잃는 사람도 많아. 자신이 위험하지도 않은 상황에서 남을 돕지 않는 사람에게 벌을 줄 수 있다면, 벌을 받지 않기 위해서라도 남을 도우려고 하는 사람이 늘어날 거야. 그러면 모두에게 이익이 되잖아.

-반대 : 우리나라에서 '착한 사마리아인의 법'은 필요하지 않다고 생각해. 남을 돕는 것은 도덕적으로 옳은 일이고 꼭 필요하지만, 법으로 정해 벌을 줄 수 있는 일은 아니야. 남에게 해를 주지 않기 때문이지. 도덕적으로 옳은 일을 하지 않았다고 해서 벌을 준다면 인사를 하지 않는다거나, 바닥에 떨어진 쓰레기를 줍지 않는 행동까지 모두 벌을 주자는 법이 생길 수도 있잖아.

♣97쪽
▶생각이 쑤욱
6. 예시 답안
-사례 : 사람이 많이 다니는 큰길에서 의식을 잃고 쓰러진 사람을 아무도 돕지 않았다.

-해결책 : 내가 먼저 나서서 도움이 필요한 사람을 돕는다. 그러면 지나치던 사람들도 하나둘씩 걸음을 멈추고 함께 도움을 줄 것이다.

7. 예시 답안
위험에 빠진 사람을 지나치지 않고 도왔다/자신을 위험에 빠뜨리지 않고 현명하게 남을 구했다/평소 남을 돕는 방법을 잘 알아두고 필요한 조치를 했다.

♣98쪽
▶행복한 논술(예시 답안)

우리 사회에 위험에 빠진 사람을 모른 척하는 사람들이 많다. 남을 도왔다가 자신도 위험해질 수 있다고 생각하거나 다른 사람에게 무관심하기 때문이다. 개인의 이익만 중요하게 여기고, 다른 사람의 고통에 공감하는 능력이 떨어진 사람이 많은 것도 큰 이유다.

위험에 빠진 사람을 돕지 않으면 결국 자기도 그런 일을 당했을 때 도움을 받을 수 없다. 착한 사마리안처럼 위험에 빠진 사람들 적극 돕는 사회 분위기를 만들려면 이웃의 이익이 나의 이익과 서로 다르지 않다는 점을 어려서부터 가르쳐야 한다. 위험에 빠진 사람을 돕는 것이 미래의 자신을 돕는 것과 같다는 점을 가르치는 것이다. 그리고 나라에서는 도움을 주는 사람이 곤란을 당하지 않도록 법으로 뒷받침해야 한다. 남을 돕다가 다친 경우에는 치료비를 대주고, 장애를 당하거나 목숨을 잃은 사람은 아낌없이 보상해야 한다. 또 남을 구하는 과정에서 일어난 피해도 도움을 준 사람에게는 묻지 말아야 한다.

11 달콤한 설탕의 유혹 이기기

♣104쪽
▶생각이 쑤욱
1. 예시 답안
　살이 쪄서 비만이 되기 쉽다/허약해지고 키도 잘 안 자란다/충치가 생긴다/행동이 산만해지고 집중력이 떨어진다/폭력적으로 변한다 등.
2. 예시 답안
　음식의 단맛을 내는 데 쓰인다/음식을 오래 저장할 수 있게 돕는다/가짜 유리를 만드는 데 이용된다/미술 작품을 만드는 데 쓰인다 등.
3. 예시 답안
　내가 먹은 간식은 햄버거와 감자튀김, 콜라입니다.
　(몸에 좋은 간식, 줄여야 할 간식)은 햄버거와 감자튀김, 콜라 같은 패스트푸드입니다. 패스트푸드에는 설탕과 소금, 지방이 많이 들어 있어 살이 찌기 쉽고, 건강을 해치기 때문입니다.
　앞으로는 찐 감자, 찐 고구마, 삶은 옥수수 등을 우유와 함께 먹겠습니다.

♣105쪽
▶생각이 쑤욱
4. 예시 답안
　-설탕에 세금을 붙여야 한다. 왜냐하면 설탕을 많이 먹으면 살이 찌고, 충치가 생기는 등 건강에 해롭기 때문이다. 설탕에 세금을 붙이면 설탕 값이 비싸지므로 사람들이 설탕을 먹는 양을 줄일 것이다.
　-설탕에 세금을 붙이지 말아야 한다. 왜냐하면 설탕이 나쁜 것이 아니라 설탕을 많이 먹는 것이 문제이므로 개인이 조절해야 한다. 설탕 값이 비싸지면 설탕을 음식 외에 다른 용도로 사용하는 사람까지 피해를 본다.
5. 예시 답안
　저는 질문에 답해 보니 '예'가 7개 나와 '당분 중독'입니다. 앞으로는 탄산음료 대신 물을 마시고, 과자 같은 달콤한 간식거리는 주변에서 치우겠습니다.

♣106쪽
▶생각이 쑤욱
6. 예시 답안
　-이렇게 먹어 봐!=밥과 반찬을 골고루 먹는다. 반찬은 고기나 생선, 나물, 채소 등을 한 가지씩 골고루 먹는다. 간식으로 바나나와 사과 등 단맛 나는 과일을 먹는다.
　-이렇게 행동해 봐!=무엇인가 먹고 싶다면 양치질을 하거나, 몸을 움직이는 등 관심을 다른 곳으로 돌린다 등.
7. 예시 답안
　교장 선생님께 제안합니다. 어린이들의 건강을 위해 음식이 몸에 어떤 영향을 주는지 체험 활동을 통해 배우는 '영양 체험 교실'을 운영해 주세요. 그러면 건강한 식습관을 들이는 데 큰 도움이 될 수 있을 것 같습니다.

♣107쪽
▶행복한 논술(예시 답안)
　과자나 음료수 등 달콤한 음식의 유혹에 빠지기 쉽습니다. 단 음식을 먹으면 기운이 나고 기분이 좋아지기 때문입니다. 당분은 몸의 에너지원이어서 꼭 필요합니다. 하지만 단 음식을 너무 많이 먹으면 뚱뚱해지고, 충치와 당뇨병, 심장병 등 여러 가지 질병에 걸릴 수 있습니다. 단맛은 중독성이 강해 먹을수록 입맛이 당깁니다. 또 단맛에 길들여지면 다른 음식은 맛이 없어져 영양소를 고루 섭취하지 못합니다.
　당분을 적게 먹으려면 탄산 음료를 적게 마셔야 합니다. 가공 식품에는 당분이 많이 함유되어 있어 자기도 모르게 많이 마시기 때문입니다. 가공된 음료수 대신 물을 마시거나, 과일을 직접 갈아 만든 주스 또는 흰 우유를 마시도록 합시다. 가공 식품을 살 때 영양 성분 표시를 보고, 당분의 양을 확인합시다.
　배가 고프다고 과자나 초콜릿으로 배를 채우면 안 됩니다. 영양가는 없고 열량이 높은 단 음식을 배가 부를 때까지 먹으면 필요 이상으로 많이 먹게 되어 건강에 문제가 생깁니다.
　무엇인가 먹고 싶다면 양치질을 하거나, 몸을 움직이는 등 관심을 다른 곳으로 돌려 보세요. 단 음식을 먹고 싶은 순간만 참으면 먹고 싶은 생각이 사라지는 경우가 많기 때문입니다.

12 알고 보면 간단한 지구촌 분쟁 해결법

♣113쪽
▶생각이 쑤욱
1. 예시 답안
　종교 문제, 영토 문제, 독립 문제, 자원 문제 등.
2. 예시 답안
　컵라면, 생수, 가스버너, 옷, 이불, 손전등, 치약, 물티슈와

휴지, 비상약 등.
3. 예시 답안
　핵무기는 파괴 범위가 넓어 핵무기가 떨어진 나라는 물론이고 주변 나라들에게도 큰 피해를 줄 수 있다. 또 한 쪽에서 핵무기를 사용하면 다른 쪽에서도 사용할 가능성이 큰데, 이렇게 되면 지구 전체가 멸망할 수도 있다.

♣114쪽
▶생각이 쑤욱
4. 예시 답안
　종교 갈등 문제로 같은 국민들끼리 다투는 시리아 내전이 가장 어리석다고 생각합니다. 같은 종교인데, 종파가 다르다고 싸우고 죽이는 일은 종교 정신에도 어긋나지요. 같은 신을 믿는데 서로 양보하면 모두 평화롭게 살 수 있지 않나요.
5. 예시 답안
　저는 팔레스타인은 팔레스타인 사람들의 땅이라고 생각합니다. 왜냐하면 이스라엘 민족이 이곳에 살았던 때는 1800년 전의 일이잖아요. 그런데 팔레스타인 사람들이 조상 대대로 1000년을 넘게 살아왔는데, 갑자기 낯선 사람들이 나타나서 이곳이 옛날에 자기네 조상들이 살던 땅이었다며 비키라면 얼마나 억울하겠습니까. 그 땅을 팔레스타인 사람들이 빼앗은 것도 아닌데 말입니다.
　저는 이스라엘 민족의 억지가 심하다고 생각해요. 남에게 쫓겨난 아픔을 겪어 본 사람들이 왜 다른 사람한테 같은 잘못을 저지르는지 모르겠습니다.

♣115쪽
▶생각이 쑤욱
6. 예시 답안
　티베트가 독립하면 다른 민족들도 모두 독립을 요구하며 시위를 벌일 것이다. 이렇게 되면 중국 사회는 큰 혼란에 빠지게 된다. 또 소수 민족들이 독립하면 이들이 살던 지역의 영토와 자원을 잃게 되므로 필사적으로 독립을 막는 것이다.
7. 예시 답안
　전쟁 지역의 난민들이 주변 나라들로 흘러 들어가 그 나라 국민과 갈등을 일으킬 수 있다. 그리고 석유가 많이 나는 나라에서 전쟁이 나면 석유 생산 시설이 파괴되는 바람에 생산량이 줄어 국제 기름 값이 오르게 된다.

♣116쪽
▶행복한 논술(예시 답안)
　세계 분쟁 지역의 지도자 분들께!
　안녕하세요, 저는 아시아의 대한민국에 사는 이행복입니다.
　세계 유일의 분단 국가에서 사는 저는 서로 미워하며 싸우는 것이 얼마나 어리석은 일인지 잘 알고 있습니다.
　저는 여러분들이 싸우는 이유도 알고, 마음에 담긴 분노도 이해합니다. 하지만 상대를 무력으로 공격한다고 그 분노가 사라지지는 않을 것입니다.
　분노를 폭력으로 풀면 상대편의 죄 없는 국민들이 희생되고, 이렇게 되면 그들에게도 똑같은 분노를 일으키게 만들어 또 다른 복수와 폭력을 낳습니다. 이런 싸움에서는 승자가 없습니다. 모두가 상처 입은 패자일 뿐이지요.
　얼마 전 신문에서 전쟁 때문에 죽은 아들을 가슴에 안고 울부짖는 아버지를 봤습니다. 부모를 잃은 어린이들이 두려움에 떠는 사진도 봤습니다. 제가 본 모습은 슬픔과 절망뿐이었습니다. 그들의 눈물을 닦아 주고 잃어버린 희망을 찾아 줄 수 있는 사람은 바로 여러분입니다.
　지금 무기를 버리고 상대에게 화해의 손을 내미세요. 먼저 멈추는 자가 진정한 승자가 될 것입니다.

○○○○년 ○○월 ○○일
대한민국에서 이행복 올림

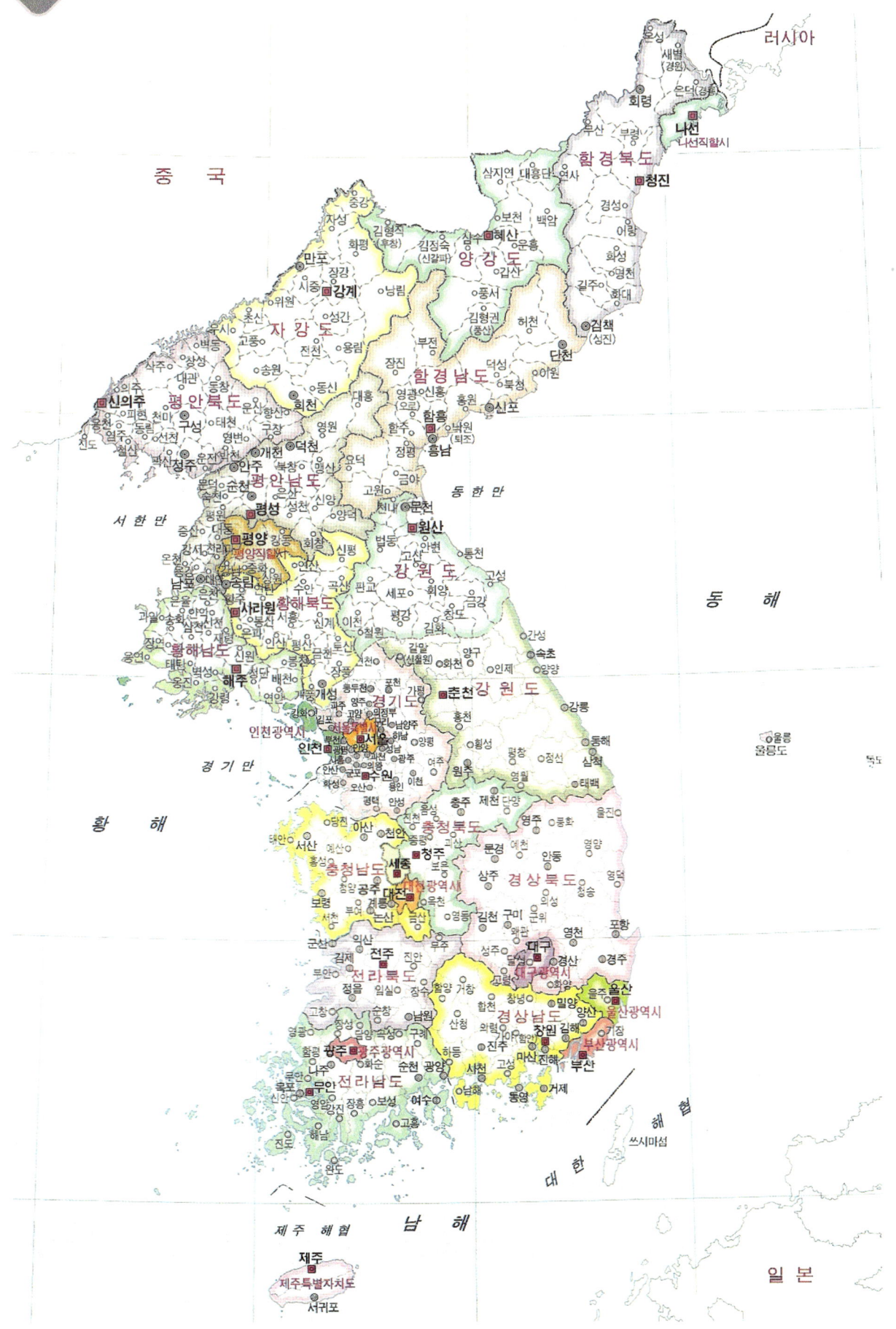

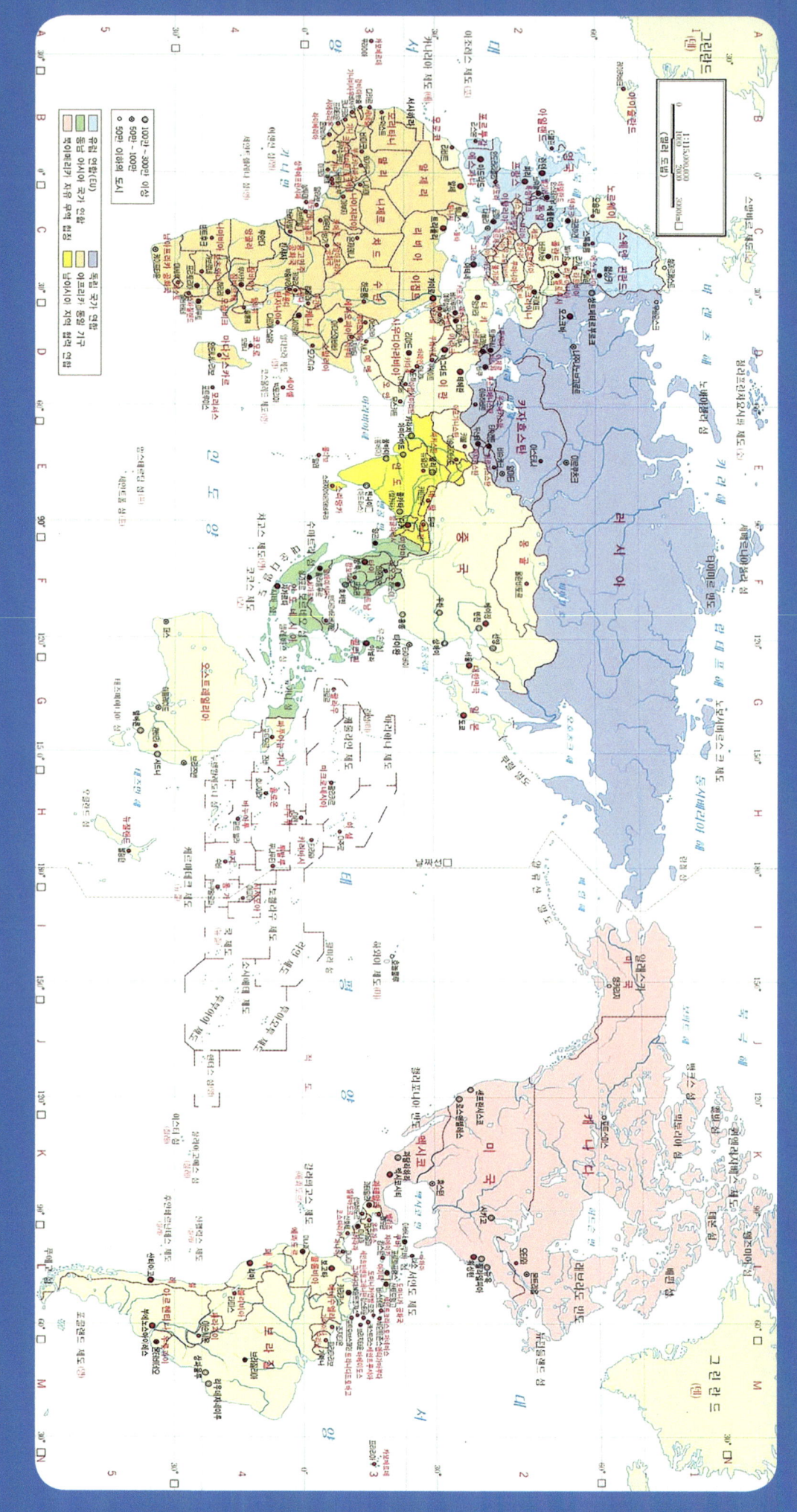